이념과 학살

한국전쟁 시기 좌익에 대하여

이념과 학살-한국전쟁 시기 좌익에 대하여

초판 1쇄 발행   2013년 5월 31일

저   자 ㅣ 이나미
발행인 ㅣ 윤관백
발행처 ㅣ 선인

편   집 ㅣ 최진아
표   지 ㅣ 윤지원
영   업 ㅣ 이주하

인   쇄 ㅣ 대덕인쇄
제   본 ㅣ 광신제책

등록 ㅣ 제5-77호(1998.11.4)
주소 ㅣ 서울시 마포구 마포동 324-1 곳마루 B/D 1층
전화 ㅣ 02)718-6252 / 6257   팩스 ㅣ 02)718-6253
E-mail ㅣ sunin72@chol.com
Homepage ㅣ www.suninbook.com

정가   17,000원
ISBN   978-89-5933-621-0   93300

· 잘못된 책은 바꿔 드립니다.

이념과 학살

한국전쟁 시기 좌익에 대하여

이 나 미

선인

차례·····································

Contents

이 책을 쓰게 된 동기

    1970년대였다. 당시 초등학생이던 필자는 가족과 함께 반공영화를 보고 있었다. 그때는 TV에서 반공영화를 흔하게 방영했다. 영화 속에서 한 북한군 장교가 등장했다. 늘 그랬듯이 그는 삐쩍 마르고 못생기고 악랄해 보였다. 북한군이나 공산주의자 역은 늘 이런 인물이 맡았다. 그런데 사실 이보다 더 주목해야 하는 것은, 대체로 별로 유명하지 않은, 비중 없는 배우가 그런 역을 맡았다는 것이다. 즉 북한 사람은 늘 존재감이 없으며 결코 주인공인 적이 없다. 이것만큼 효과적인 배제와 모욕이 없다. 가장 확실하고 냉정한 부정은 '있는 사람'을 '없는 사람'처럼, 즉 '비존재'로 만드는 것이다.

    그런 의미에서 필자는 북한을 다룬 영화의 획기적 전환점으로 〈쉬리〉를 든다. 일견 반공영화처럼 보이는 〈쉬리〉는 한국에서 정권교체가 최초로 이루어진, 그리고 남북화해를 선언한 김대중 정부 하에서 방영됐다. 그런데 아마도 그 영화가, 비중 있는 배우(최민식)로 북한 사람 역을 맡긴 최초의 영화일 것이다.[1] 더구나 최민식은 아무리 잔

---

1) 이후 유오성, 정재영, 강동원, 차승원, 류승룡, 김명민 등 비중 있고 매력적인 배우들이 북한사람 역을 맡기 시작했다.

인한 연기를 해도 별로 밉지 않은, 인간적 면모를 갖춘 인물이다. 북한사람 역으로서의 최민식의 선택은 남북관계의 변화를 알린, 반공처럼 보이지만 반공이 아닌, 교묘한 전략이다. 그 영화의 내용 역시, 북한 정권은 평화를 바라지만 북한군 일부가 그것을 방해한다는 것으로, 북한 정권을 결과적으로 남한의 파트너로 인정하고 있다.

그럼 다시 아까의 1970년대 영화 얘기로 돌아가서, 그 삐쩍 마르고 못생기고 악랄해 보이는 인민군 장교는 부하의 뺨을 때리며 "이런, 간나 새끼!"라고 욕을 했다. 이런 장면은 반공영화라면 흔히 볼 수 있는 것이다. 그런데, 그때 같이 보고 있던 필자의 아버지가 놀라운 말을 했다. 참고로 필자의 아버지는 한국인으로는 드물게 유엔군의 일원으로 한국전쟁에 참전했던 분이다.[2] "저거 다 거짓말이야!" 놀란 나는 아버지를 쳐다보았다. 아버지는 "북한군은 절대 저렇게 욕하며 때리는 법이 없어. 토론을 해서 해결을 하지." 아버지는 반공주의자임에도 불구하고 이처럼, 학교에서 배운 것과 매우 다른 말을 가끔 해서, 필자를 지금처럼 의심이 많은 사람으로 만든 장본인 중의 하나이다.

그렇다면 방송에서 보여주고 학교에서 가르치는 것은 도대체 뭐란 말인가. 어디까지가 진실이고 어디까지가 거짓인가. 특히 북한이나 한국전쟁에 대해서는 무엇을 믿어야 하는 것인가. 그런데 마침 필자는 2006년에 진실화해를위한과거사정리위원회에서 일하게 되었다. 그때 맡은 일이 북한군이나 좌익에 의한 학살의 조사였다. 사실 그 일을 처음에 맡게 되었을 때 고민을 많이 했다. 그렇지 않아도 극성을 부리는 한국정부와 보수단체의 반공주의 선전에 또 일익을 담당하게 되는 것은 아닌가 해서였다. 그러나 생각을 고쳤다. 이왕 이런 일을

---

2) 그 특별한 경험 때문에 KBS의 한 다큐멘터리 프로그램에서 소개되기도 했다.

누군가 해야 된다면 나처럼 의심 많은 사람이 하는 것이 낫겠다는 생각이 들었다. 또한 이 문제는, 언젠가는 누구라도 조사해서 털어내고 가야 할 문제였다. 실로 '뜨거운 감자'였다. 들고 있기도, 버릴 수도 없는 것이었다. 그러나 내 손을 데는 한이 있더라도 결국 들기로 했다.

필자는 위원회에서 셀 수 없이 수많은 기록물을 검토하고 수많은 사람들과 면담했다. 미국 워싱턴에 있는 미국립문서기록관리청(NARA)까지 방문하여 한국전쟁 관련 기록물들을 찾아보았다. 차마 눈뜨고 볼 수 없는 처참한 시신 사진들, 당시의 상황을 설명하듯 핏빛 선명한 서류들, 한 군인의 땀이 배었을 메모지들. 처음에는 뛰는 가슴을 진정시키며 봐야 했으나 그 일도 일상이 되자 좀 더 진실을 알고 싶다는 집요한 호기심으로 바뀌었다. 흔히 미국 TV 드라마에 나오는 과학수사대원이 아무렇지도 않게 시신을 조사하는 것과 유사한 현상이 내게도 벌어진 것이다. 또한 이 일은 실로 3D 업종이 아닐 수 없었다. 더럽고 위험하고 어려운 일이었다. 먼지를 가득 마시며 서류들을 검토했어야 했고(필자는 실제로 이 일로 '천식'이라는 선물을 얻었다) 폭언을 서슴지 않는 사람들을 만나야 했으며(심지어 폭행을 당한 조사관도 있었다) 도대체 말이 안 되는 모순덩어리로만 보이는 미스터리를 풀어야 했다.

어찌 되었든 그러한 힘든 과정을 거쳐 필자는 위원회에서 좌익 사건으로는 매우 큰 사건인 서천등기소 사건과 대전형무소 사건에 대한 보고서를 썼다. 그리고 그 보고서는 그동안 알려진 사실을 수정하게 했다. 진보적 언론은 이 사건을 보도하기가 껄끄러웠을 텐데, 대전형무소 사건은 오마이뉴스에 보도되기도 했다.

그런데 필자가 보고서 제출에 만족하지 않고 이런 책을 내려고 마음을 먹은 것은 보고서에 채택되지 않은 내용들 때문이다.[3] 보고서는 소위원회, 전원위원회를 거치면서 수정이 되는데 그 과정에서 중요하지 않다고 판단되는 내용들은 걸러지게 된다. 학살을 다루고 있는 심각한 보고서에 미군이 인민군의 포로로 잡혀 있는 동안 무엇을 먹었는지 하는 것은 별로 중요하지 않을 수 있다. 그러나 당시 정황을 전체적으로 보는 데 있어 그런 일상사도 중요하므로 필자는 그런 부분들이 빠지는 것이 안타까웠다.

둘째로, 확실하지 않다고 판단되는 것도 보고서에서는 빠진다. 분명히 증언이 있는데 이를 뒷받침할 만한 결정적인 증거로서의 기록이 없다는 이유로 빠지는 내용들이 있다. 그러나 필자가 뒤에 다시 말하겠지만, '기록'도 얼마든지 거짓말을 할 수 있다. 마찬가지로, 증언 역시 주관적이거나 믿을 수 없다고 단정할 수 없다. 다수가 같은 얘기를 한다면 우리는 그것을 심각하게 고려해야 한다.

셋째로, 정치적인 이유에서 빠지는 것도 있다. 그렇다고 위원회의 보고서가 왜곡되었다고 주장하는 것은 결코 아니다. 단 이미 알려져 있듯이, 위원장이나 상임위원의 성향과, 보고서의 진실규명 여부가 전혀 무관했다고 할 수는 없다. 푸코가 말하듯, 지식은 권력이다. 연구자라면 다 동의하겠지만 사실 발굴에서부터 '관점'이 작동하기 마련이다. 어느 사실은 채택되고 어느 사실은 무시된다. 어떤 부당한 목적을 위해 연구를 진행하고자 할 때 자본만 있으면 이는 얼마든지 가능하다. 비싼 변호사는 무죄를 만들어낸다. 자본은, 도움이 되는

---

3) 보고서에 포함되지 않은 내용 중 비밀을 요하는 것은 이 책에 포함되지 않았음을 밝힌다. 이는 공무상 이행해야 하는 의무이기도 하다. 이 책에 나온 내용은 이미 문서로 드러난 것과 비공개를 요청하지 않은 진술에 한한다. 또한 민감한 부분은 익명 처리하여 당사자의 명예를 보호하고자 한다.

자료를 얼마든지 발굴·수집할 수 있게 해준다. 정당화를 위한 논리도, 명석한 두뇌를 고용하여 만들어 낼 수 있다. 또한 진실을 흐리기 위해, '문제를 복잡하게 만드는 방법'도 있다. 이 말은 드라마 〈추적자〉에서 거짓을 감추는 것을 돕는 대통령 후보 비서의 말이다. 상식상, 양심상, 너무나 명쾌한 답이 있는 문제인데 복잡한 통계와 궤변으로 진실을 흐리는 일은 비일비재하다. 예컨대 '식민지 근대화론'이 그런 경우라고 필자는 생각한다. 독자들은 복잡한 내용과 어려운 통계 수치를 들여다보다가, '이토록 정교하고 복잡한 것이라면 진실이겠지'라고 생각하고 머리가 아파 더 이상 읽기를 포기해버린다. 그 포기를 저자는 사실 바란 것이다.

그러므로 나와 반대되는 입장의 글일수록 열심히 읽어야 한다. 또한 그 속에는 우연히 진실이 숨어있기도 한다. 필자는 사건을 조사하는 과정에서 반공적 입장에 있는 문서와 저서를 많이 읽고 활용했다. 왜냐하면 좌익 사건과 관련하여 참고할 문헌이 그것밖에는 없기 때문이다. 뒤에 다시 말하겠지만 필자가 주로 참고한 미군문서는 철저히 정치적 문서이다. 적을 공격하기 위한 것이지 진실을 규명하기 위한 것이 아니다. 이는 미군 전문가의 입을 통해서도 확인했다. 미군 측에서 작성한 노근리 문서의 경우 결론은 사실상 미군에게 죄가 없다는 것이다. 그 문서는 공식 기록만을 증거자료로 채택하고 목격자나 주민 진술은 주관적인 것이라 하여 철저히 무시했다. 그런데 북한을 비판하기 위한 KWC(Korea War Crimes) 문서는 전혀 확인되지 않은 주민의 말을 증거로 채택하여 사건의 결론으로 제시하고 있다. 또한 우익 희생자의 수는 과장된 경우가 많았다. 좌익 희생자는 다루지도 않았다. 즉 자신을 옹호할 때와 적을 공격할 때 기준을 달리 세우는 것이다. 따라서 미군문서라 해서 그 권위에 눌리면 안 되고 그 결론을 쉽게 인정하면 안 된다. 그러나 그 안에 포함된 여러 가지 구체적 진술이나 숫자는 주목해야 한다. 몇 백 몇 천이 아니라 11, 389 등 숫자가 구체적일 때는 무슨 근거가 있는 것이다. 또한 저자가 자신의 의도와 다르게 진실을 말하는 경우도 있다. 따라서 반공적 문서라 해서 그냥 무시해서도 안 되고, 오히려 철저히 분석하여 잘 활용해야 한다. 필자는 그런 점에서 많이 노력했고, 어느 정도 성과도 얻었다고 자부한다.

보고서에 담지 못한 내용을 드러내고 싶다는 것이 집필의 첫 번째 이유라면, 이 책을 통해 한국 사회의 좌우 갈등 해소에 조금이라도 기여하고 싶다는 것이 두 번째 이유이다. 현재 한국의 좌우갈등 및 남북 갈등의 큰 원인은 한국전쟁에 있다. 한국전쟁 이후 반공주의가 강해졌으며 좌익은 금기 용어가 되었다. 특히 한국전쟁 당시 좌익에 의한 잔인한 학살이 부각되면서 공산주의는 적대시되는 이념이 되었다. 남한사회에서 좌익에 대한 인식이 급격히 변화하는 것은 한국전쟁 이후부터이다. 한국 사회 내에서 좌우 갈등은 일제시기부터 존재했지만 한국전쟁 전까지 국민 대다수는 우익에게보다는 좌익에 더 호감을 갖고 있었다.[4] 1948년 미군정청에서 서울 시민들을 상대로 한 조사에 의하면 시민의 77%가 장차 수립될 정부는 사회주의, 공산주의를 지향해야 한다고 했다. 송복은, 당시 경제력에서도 북한이 남한을 압도했던 상황에 비추어 볼 때 한국전쟁이 일어나지 않았다면 남한은 공산화되었을 것이라고 말한다.[5] 즉 한국전쟁으로 인해 반공주의가 강고해졌다는 것이다.

4) 송찬섭 외(2011).
5) 송복(2000).

그런데, 이러한 반공주의의 우세와 좌익타도 분위기에도 불구하고 노무현 정부 이전의 정부들은 본격적으로 좌익에 의한 학살을 조사하거나 연구한 적이 없다.[6] 이런 현상에 대해 김동춘은 '매우 불가사의한 일'이라고 하면서 그 이유가 "정부 측이 조사 과정에서 반대의 결과, 즉 우익 측에 의한 민간인 학살사건이 속속 발굴될 것을 두려워해서가 아닌가 생각된다"고 하였다. 즉 "4·3사건이나 여순사건의 경우에도 정부가 발표한 희생자 수의 대부분이 반란군 측에 의한 피학살자가 아니라 군, 경찰, 우익에 의한 피학살자일 것으로 추정"되고 있기 때문이다.[7] 사실상 한국전쟁 시기 대규모의 희생자를 낸 경우는 대체로 미군에 의한 '작전상 학살'로 이는 노근리사건에서도 알 수 있듯이 피난민을 무조건 총살하는 등 이념과 관계없는 무차별적 학살이 대부분이었다.[8] 따라서 한국전쟁 시기 좌익에 의한 학살 연구는 역사의 진실을 밝히기 위함과 더불어 왜곡·과장된 반공적 인식을 수정하는 데에도 필요하다고 할 것이다.

좌익에 의한 학살은 연구자들에 의해서도 기피되어 온 주제이다.[9] 그 이유로, 한편으로는 이것이 반공주의의 선전물에 불과한 주제라고 여겨지거나, 다른 한편으로는 앞서 언급한 바와 같이 실제 면밀한 조사나 연구가 행해질 때 기존 주장과 다른 결론이 나올 수 있다는 것

6) 2005년에 설립된 진실화해를위한과거사정리위원회에서 민간인학살을 조사하면서 좌익에 의한 학살도 같이 조사되었다.

7) 김동춘(2000) 237~238.

8) 미군사건과 관련해서는 김태우(2011)의 논문 참조.

9) 관련 주제에 대한 기존연구들을 보면, 인민군의 점령정책(서용선 1995; 권영진 1989), 인민군 점령 시기 재판 및 처형제도(윤경섭 2011), 좌익에 의한 학살(이나미 2008, 2012)에 관한 것이 있다. 필자가 쓴 두 논문은 이 책 내용에 포함되었다.

도 한 이유가 되었을 것이다. 실제로 한국전쟁기간 동안 가장 많은 사람이 학살된 전남 지역의 경우 학살이 좌우 누구에 의해 자행된 것인지 불분명한 경우가 많다. 또한 이념이 학살의 가장 중요한 이유도 아니었다. 사적 보복을 하기 위해 이념을 앞세운 학살도 많았으며 학살당한 사람의 경우 뚜렷한 좌익이라든가 우익 이념을 갖고 있는 사람들이 아니었고 그때그때 살아남기 위해 이쪽저쪽 모두에 협력한 사람들이 많았다. 해방 후 우익이었으나 인민군이 점령하자 좌익이 되었고 다시 수복되자 국군에 자원한 사람이 드물지 않았다. 주민들이 태극기와 인공기를 동시에 갖고 있다가 누가 오는가 보고 하나를 선택해 들었다는 얘기는 잘 알려진 것이다. 착각해서 기를 잘못 들거나 국군이 오는데 '인민군 만세'를 불러 죗값을 치른 얘기도(혹은 그 반대경우도) 흔한 얘기이다.

   필자는 이 책이 '저서판 〈웰컴투동막골〉' 같은 것이기를 바란다. 즉 그동안 잔인하게만 알려져 있던 학살 사건 이면에 인간적 고뇌, 공감, 동정이 있었다는 것을 보여주고자 한다. 또한 그럼에도 불구하고 대량학살이 발생할 수밖에 없었던 구조적 이유를 살펴보고자 한다. 실제로 미군의 인천상륙작전 전까지 인민군은 미군포로에게도 비교적 좋게 대우해줬고 우익인사도 처형하기 보다는 북한으로 끌고 가는 경우가 많았다. 인천상륙작전은 어떤 의미에서 보면 잡혀 있는 인질의 안전을 전혀 고려하지 않은 범인소탕작전이다. 인천상륙작전으로 퇴로가 차단되고 시간이 급해지자 인민군은 수감되어 있던 많은 우익인사들을 끌고 갈 수 없기에 학살했다고 볼 수도 있다. 이는 사건들의 면밀한 조사 결과 얻은 결론이다. 거의 모든 좌익에 의한 대량학살이

인천상륙작전 직후 급한 후퇴 전에 이루어졌다. 얼마나 급했던지 출
근부 등 자신의 신분을 노출할 수 있는 서류들을 놓고 가기도 했다.
또한 북한군은 대체로 신사적이었다고 사람들은 증언한다. 잔인했던
사람들은 북한 인민군보다는 오히려 좌익으로 급변한 남한 현지인들
이었다. 그들은 이 기회를 빌려 평소 원한이 있던 사람들에게 복수했
다. 즉 이념이 아닌 원한이 학살의 원인이었다. 앞으로 전개될 이 책
의 내용은 그러한 점이 부각될 것이다.

끝으로, 재직 중 자신의 월급을 모두 기부함으로써 헌신의 삶이 무
엇인지 직접 보여주신 진실화해위원회 초대위원장 송기인 신부님과,
끔찍한 사건에 안타까워하면서도 보고서를 꼼꼼히 읽고 좋은 논평을
해주신 2대위원장 안병욱 교수님께 존경의 마음을 전하고 싶다. 너
무 가슴 아파 꽁꽁 숨겨두다가 자신 생애에 처음으로 하는 얘기라며
결국은 눈물을 쏟아내시는 순하고 착한 어르신들께 어려운 말씀을
해주신 것에 대해 진심으로 감사드리며 마음으로부터의 위로의 말씀
을 드린다. 그리고 언제나 필자를 믿고 힘을 주시는 부모님과 좋은
조언과 격려로 쉽지 않은 글쓰기를 도와준 서보혁에게 사랑과 감사
의 마음을 전한다. 마지막으로, 이 같은 거칠고 또 민감한 내용의 책
을 내기로 과감히 결정해주신, 언제나 의로우신 윤관백 선인 대표님
과 빠른 시간 안에 좋은 책을 만들어주신 선인 식구들께 감사드린다.

I. 좌익 사상과 학살*

    한국전쟁을 경험한 나이 드신 분들은 흔히 "사상이 얼마나 무서운 것인데…"라고 말한다. 사상 때문에 부모자식도 버리고 형제끼리 서로 죽이기도 한다는 것이다. 이때 사상이란 좌익 사상—어른들 표현에 의하면 '빨갱이 사상'—을 의미한다. 지금은 사상이라 하면 플라톤, 아리스토텔레스부터 해서 공자, 맹자를 지칭해야 할 것 같은데, 어떻게 그렇게 꼭 집어서 좌익 사상이 사상을 의미하게 되었는가. 그것은 우선, 근대 이후 우리 사회에서 사회주의 사상 이전에 딱히 주목받은 사상이 없음을 의미한다. 또한 우익 사상은 사상으로 여겨지지 않았다는 것도 의미한다. 노인들이 사상을 말하면서 우익 사상을 의미하는 경우는 거의 없다. 우익은 그저 상식이고 생활인 것이다. 이는, 의도하지는 않았겠지만, 우익에 대한 대중의 정확한 인식을 반영한다. 우익의 생각은 이념이나 사상이라고 하기엔 체계적이지도 않고 특별한 내용도 없다. 어떤 '정신상태,' '욕망'으로 규정하는 편이 더 정확하다.[1]

---

* 이 장에는 필자의 논문 「한국전쟁시기 좌익에 의한 대량학살 연구」(『21세기 정치학회보』 22집 1호, 2012)의 내용이 포함되어 있다.
[1] 피터 비레크(1981), 이나미(2011).

그렇다면 사상, 즉 좌익 사상은 왜 무섭다고들 하는가. 많은 이들은 그것에 한번 빠지면 헤어날 수 없기 때문이라고 말한다. 종교의 광신도처럼 그것을 맹목적으로 믿으며 그 사상이 지시하는 것은 무조건 따른다는 것이다. 자신을 희생하는 것이나 가족을 버리는 것이 그 예로 제시된다. 그 중 가장 극단적인 경우로, 또한 자주 제시되는 것이 학살이다. 학살은 마치 냉혹한 사회주의 사상의 전유물인 것처럼 말해진다. 지금 우리 사회에서 좌파, 종북 딱지가 붙으면 마치 죄인처럼 취급되는 것도 그 때문이다. 한국전쟁 동안 좌익은 그 사상 때문에 많은 이를 무참히 죽였다는 것이다. 그래서 한국전쟁 이후 한국사회에서는 그 어느 누구도 자신을 '진보'라고 부를지언정 좌익이라고 감히 말하지 못한다. 더구나 친북 또는 종북이라고는 더더욱 할 수 없다.

이 참에 '종북'이란 말에 대해서 다시 생각해보자. 이전에는 종북 대신 '친북' 또는 '용공'이란 말을 썼다. 그러다 최근에는 그 말들이 사라지고 '종북'이란 말이 쓰인다. 필자 생각에 '친북'은 넓은 의미에서 북한과 화해하자거나 북한을 돕자는 의미도 포함된 것으로 어찌 보면 용납될 수도 있는 말이기 때문에, '북한을 따르자'라는, 친북보다 훨씬 더 강한 개념인 '종북'에 밀린 듯하다. 용공도 마찬가지 이유에서 사라졌을 것이다. 그러나 현실에서는, 단순히 북한을 돕자는 사람들이나 중도파까지 포함해서 종북주의자로 몰리고 있다. 그런데 본래 내가 누군가를 따르거나 추종한다고 할 때 그 대상은 나보다 훨씬 더 크고 강한 존재여야 한다. 따라서 종북이란 말은 성립하기 어렵다. 북한은 도와줘야 할 대상이지 따를 대상이 아니기 때문이다. 종북주의자로 몰리는 많은 사람들은 사실상 북한이 불쌍하니 돕자는 사람들이다.

그러므로 '종'자는 북한보다는 오히려 미국과의 관계에서 쓰이는 것이
더 적절하다. 즉 '종미'는 말이 된다. 미국이 우리보다 강하며 또한 무
조건 추종하는 사람들이 매우 많기 때문이다.

종미는 친미로, 친북은 종북으로 된 현실은, 좌익이나 북한에 대한
과대망상이며 이들을 공포의 대상으로 보는 것이다. 그렇다면 진정
좌익은 무서운 것인가. 좌익은 자신의 사상을 위해 아무렇지도 않게
학살을 자행할 수 있는가. 한국전쟁 때 벌어졌던 큰 인명피해는 어떻
게 봐야 하는가. 우선 한국전쟁 당시의 대규모 학살은 좌익에 의해서
만 벌어진 것이 아니란 점이 지적되어야 한다. 더 많은 수가 미군과
군경에 의해 자행되었다. 또한 대규모 학살은 20세기의 전 세계적 현
상으로 설명되기도 한다.

20세기는 학살과 전쟁의 세기로서 역사상 가장 끔찍하고 폭력적
인 세기였다. 20세기의 전사자 수는 19세기까지 누적된 전사자 수보
다 많다. 사망자 수로 순위를 매기면 역사상 첫 번째에서 네 번째까
지의 많은 사망자를 낳은 전쟁들이 20세기에 일어났다. 양차대전,
중일전쟁, 한국전쟁이 그것이다. 1945년에서 1983년 사이에 일어난
100건 이상의 전쟁에서 1,900만 명이 사망했으며 그 전쟁은 모두 제3
세계에서 일어났다. 동아시아에서 900만 명 이상이 사망했으며 그
중에서도 사망자 수가 300~400만 명으로 추산되는 한국전쟁과 베트
남 전쟁은 최대의 전쟁이었다. 특히 1950년대는 제3세계 게릴라 투
쟁으로 가득 찬 시기였다. 게릴라 투쟁은 거의 모두, 탈식민화 과정
에서 이전 식민지배자들이 반발하자 이들을 물리치기 위해 일어났
다.[2] 한국전쟁의 경우도 어찌 보면, 해방 후에도 식민지배자들이 계

---

2) 홉스봄(1997) 15~16, 41, 596, 600; 홉스봄(2008) 21.

속 지배세력이 된 남한에 대한 북한 및 남한 게릴라의 투쟁이라고
해석될 수도 있을 것이다.

20세기 전쟁의 특징은, 첫째, 유럽, 북남미보다는 중동, 아시아, 아
프리카에서 큰 전쟁과 잔혹행위가 등장했다는 것이며, 둘째, 국가 간
전쟁보다 내전이 더 빈번했고, 셋째, 전투원과 비전투원의 구분이 흐
려졌다는 것이다. 즉 민간인이 군사적, 정치적 이유로 표적이 되었
다. 이러한 특징들 모두 한국전쟁에서 나타나는 것들이다. 따라서 전
형적인 20세기형 전쟁이 한국전쟁인 것이다. 20세기에는 전쟁이란
개념자체가 흔들렸다. 국가 간 전쟁과 내전의 구분선이 흐려졌을 뿐
아니라 더 나아가 전쟁과 평화의 구분이 어려워졌다. 또한 서로 양립
할 수 없는 이념이 대치했으며, 이념은 과거 종교전쟁에서 볼 수 있
었던 성전적인 요소도 끼어들게 했다. 그 이전 시기의 전쟁은 승자독
식의 전쟁이 아니었으나 20세기의 전쟁은 무조건적 항복을 요구했
다.[3] 이 역시 한국전쟁에 해당될 수 있는 요소라고 할 수 있다.

학살 특히 대량학살은 국가 간 전쟁이 주로 이념, 인종 갈등과 결
합되어 나타났다. '학살'은 가혹하게 죽이는 것을 의미하는 것으로,
그 중에서도 '대량학살(massacre, genocide)'이 관심의 초점이 되어 왔
다. 대량학살을 의미하는 제노사이드란 용어는, 1941년 처칠
(Winston Churchill)이 BBC 방송을 통해 독일군이 소련에서 저지르고
있던 대규모의 민간인 학살을 '이름 없는 범죄'라고 부른 것을 1944
년 렘킨(Raphael Lemkin)이 '제노사이드'라고 명명하면서 비롯되었
다. 이 말은 고대 그리스어 'genos'에 살인을 의미하는 'cide'를 결합
해 만든 합성어로 "한 국민이나 한 민족 집단에 대한 파괴"를 의미한

---

3) 홉스봄(2008) 22~26.

다.4) 김동춘은 대량학살을 "정당한 법적 절차나 재판 절차를 거치지 않고서 국가권력 및 그와 연관된 권력체가 정치적 이유에 의해 자신과 적대하는 비무장 민간인 집단을 일방적이고 의도적으로 살해하는 것"5)이라고 정의했는데 이 경우 한국전쟁 사례를 포함시킨 것이라고 할 수 있다.

1. 사회주의와 학살

20세기 전쟁의 특징 중 하나가 이념과 결합하여 대량학살을 가져온 것이라고 할 때, 사회주의 이념은 어떠했는가. 대량학살을 정당화했는가. 에릭 프롬에 의하면 사회주의의 가장 중요한 목표는 '국제주의와 평화'이다. 따라서 원칙적으로 볼 때 학살은 사회주의 이념과 거리가 있다. 실제로 많은 사회주의자들이 인본주의자이며 또한 반전주의자이다. 프롬에 의하면, "사실, 사회주의 운동의 급진적인 진행은 국제주의적 사회주의자들이 전쟁을 종식시키려 했던 짐머발트 운동과 긴밀한 관계가 있다."6) 더욱이 마르크스주의, 특히 그 초기의 인본주의적 경향을 생각한다면 사회주의 이념과 학살은 서로 반대편에 서 있다고 할 수 있다.7)

---

4) 최호근(2005) 21~22.

5) 김동춘(2000) 205.

6) 프롬(1983) 47~48.

7) 스리랑카의 경우, 식민지 시절 공산당과 트로츠키당을 이끈 엘리트들은 모두 충실한 마르크스주의자로 테러리즘에 반대했으며 폭력적인 봉기 시도도 없었다. 독립 후 스리랑카는 온건한 사회주의 노선을 걸었다(홉스봄(2008) 129~130).

그러나 레닌은,. 사회주의자들이 전쟁을 야만적이고 야수적이라고 항상 비난해왔다고 하면서, 전쟁은 불가피한 것이라고 주장했다. 그는, 전쟁과 계급투쟁 간에는 필연적인 관계가 있으며, 계급이 철폐되어 사회주의가 창출되지 않는다면 전쟁도 없어질 수 없다고 주장한다. 즉 억압계급에 대항하여 피압박계급에 의해 수행되는 전쟁, 노예소유자에 대항하여 노예에 의해 수행되는 전쟁, 지주에 대항하여 농노에 의해 수행되는 전쟁, 부르조아지에 대항하여 임노동자에 의해 수행되는 전쟁은 전적으로 합법적이고 진보적이며 필연적이라는 것이다.[8]

이런 레닌에 대해 프롬은 레닌이 폴란드의 공격에 성공적으로 대처한 후 세계 혁명이라는 광기적인 자신의 희망을 버리지 못했으며 트로츠키보다 현실성이 옅었다고 비판했다. 또한 그는 레닌이 로자 룩셈부르크를 포함한 다른 사회주의자들이 다 알고 있는 것을 알지 못했다고 평했다. 즉, 엘리트 한 사람이 노동자들을 '위해(for)' 통치하는 중앙집권화된 관료 체제는 결국 노동자들 '위에(over)' 군림하게 되고, 궁극적으로는 사회주의적 요소를 제거하게 되고 만다는 사실을 레닌은 인식하지 못했다는 것이다.[9]

그러나 레닌이 전쟁을 옹호하고 본래의 사회주의로부터 멀어졌다 하더라도 무차별적인 학살까지 정당화한 것은 아니었다. 또한 홉스봄에 의하면, 1917년 러시아 혁명 당시 농민들은 그렇게 잔혹하지 않았다. 오히려 그들을 지배한 지주계급이 더 잔인했다. 농민들이 학살이나 잔혹행위를 할 때에는 대개 특정 인물이나, 계층, 그들의 재산, 저

---

8) 레닌(1989) 23~24.
9) 프롬(1983) 50~51.

택 등이 주된 공격 목표였으며 평판이 좋은 사람들은 전혀 손을 대지 않았다. 이는 한국전쟁 때에도 마찬가지였다. 인심을 잃지 않은 지주는 마을 사람들의 보호를 받아 인민군이 들어와도 무사했다. 또한 그들의 폭력행위는 임의대로가 아니라 상황에 따라 의식을 치르듯 엄격한 계획에 따랐다. 러시아에서 무차별 집단학살이 자행된 것은 1917년 혁명 때가 아니라 러시아 내전 때였다.[10]

그러나 스탈린의 경우를 보면, 이념적으로는 사회주의가 학살과 거리가 있다 하더라도 '현실사회주의'의 경우 학살과 무관하지 않다는 것을 알 수 있다. 스탈린은 강제이주와 처형의 형식으로 많은 사람을 학살시켰다. 부농을 의미하는 '쿨락'은 유대인처럼 악의 근원으로 치부되어 시베리아, 우랄, 카자흐스탄 지역으로 강제이송 되었는데 그 과정에서 많은 이가 학살되거나 또는 열악한 환경으로 사망했다. 1937년에 그는 '인민의 적들'에 대한 대대적인 숙청 작업에 착수하여 많은 정적을 처형시켰다.[11] 그는 실수를 저질렀다는 이유뿐만 아니라 탄핵이나 음모를 꾸몄다는 이유를 들어, 투옥·사형으로 지위고하를 막론하고 모든 국민을 위협했다.[12]

그런데 홉스봄은 스탈린을 사회주의자라기보다 '세속적 차르'와 같은 존재로 보았다.[13] 즉 그는 사회주의자로서가 아니라 절대권력자로서 그러했던 것이다. 사실상 스탈린은 사회주의를 뿌리내리기 위해 특별히 사상통제를 하지 않았고 따라서 주민들에게 마르크스-레닌주의라는 공식적 교의는 침투되지 않았다. 그 교의는 직업과 관련된 것이

---

10) 홉스봄(2008) 133~134.

11) 최호근(2005) 248~257.

12) 프롬(1983) 58.

13) 스탈린에 대한 여러 가지 평가에 대해서는 황동하(2002) 참조.

아니면 그들의 생활과 별 상관이 없었으므로, 대부분 소련 시민은 이데올로기를 전혀 내면화하지 않았다. 이를 보면 스탈린 체제가 전통적 사회주의 이념에 기반한 체제라고 볼 수 있는지 의문이다. 또한 이 시기 소련은 일정 정도 이상의 공산주의 정부의 확대를 의도하지 않았으므로 제3세계의 혁명운동에 대해 기본적으로 실용주의적 입장을 취했다. 예를 들면 한국전쟁도 소련이 원했던 것이 아니었으며, 전쟁은 당시 소련이 가장 피하고 싶었던 것이었다. 스탈린은 자국 내에서는 무자비한 만큼이나 자국 밖에서의 위험은 극도로 싫어했다.[14]

또한 스탈린 체제는 소련에서 예외적인 것이었다. 스탈린 이후, 테러 기관이며 값싼 노동의 원천이었던 강제노동수용소는 폐지되었으며 무단 체포와 처벌도 사라졌다.[15] 스탈린 사후 그의 계승자들은 유혈시대를 끝내자는 데에 암묵적으로 동의했다. 이후 소련 감옥에 있는 주민 수가 미국보다도 낮았다고 한다.[16]

그런데 문제는, 2차대전 이후 탄생한 공산주의 국가들은 스탈린주의적인 틀 속에서 만들어진 공산당이 지배했다는 것이다. 즉 "고도로 중앙집중화된 권력구조를 가진 일당제 정치체제, 정치권력에 의해서 규정된 문화적, 지적 진리의 공식적 선포, 중앙에서 국가가 계획한 경제, 심지어 스탈린주의적 유산의 가장 명백한 잔재인, 강력하게 그려진 최고지도자를 볼 수 있다." 또한 "스탈린 모델에 따라 그 나라 공산주의자들에 대한 공개적 정치재판과 숙청을 벌였"다. 중국 공산주의도 마찬가지로 마르크스주의라기보다는 스탈린주의에 가까웠다. 거기에 중국적인 유토피아주의가 결합되었다. 따라서 개인의 해방을 중

14) 홉스봄(1997) 321~326, 537~543, 597.
15) 프롬(1983) 57.
16) 홉스봄(1997) 540.

시하는 마르크스주의와는 반대로 "개인의 철저한 자기희생과 집단에 대한 철저한 헌신이 최고의 선"이라고 주장되었다. 이는 주의주의에 대한 레닌과 스탈린의 믿음을 수용하면서 동시에 그것을 훨씬 넘은 것이다. 스탈린조차 자신의 힘에 한계가 있다고 인정했지만 대약진의 광기는, 원한다면 산을 움직이고 폭풍을 몰아치게 할 수 있다는 믿음을 드러냈다. 그들에 의하면 정신은 그 자체로 물질을 변화시킬 수 있다는 믿음이었다.[17]

더 나아가 모택동주의는 호전적인 테러주의자들에 의해 변형되면서 폭력의 이념이 되었다. 스리랑카의 싱할라족의 좌익단체인 인민해방전선은 모택동주의를 가지고 태동했다. 이후 정부군이 폭동을 진압하고 많은 젊은이들이 투옥되면서 호전적인 테러단체가 등장했는데 이들은 원래의 모택동주의를 광신적인 싱할라 우월주의와 배타적인 불교주의로 변화시켰다. 이들은 정적을 겨냥한 조직적인 암살단을 만들었다.[18] 사실 모택동 역시 학살이나 대량학살을 심각하게 생각하지 않았다. 실례로 핵전쟁의 불가피성과 유용성을 인정하는 등 핵에 의한 대량학살을 아무렇지도 않게 생각했다. 중국 인구는 결국 핵 학살에도 불구하고 남을 것이라는 것이다. 또한 대표적인 제노사이드 사례로 제시되는 캄보디아의 경우, 크메르 루주를 이끈 폴 포트 역시 모택동주의를 신봉했다.[19] 이러한 폴 포트 정권에 의해 200만 명에 이르는 사람들이 학살, 굶주림, 질병으로 목숨을 잃었다.[20]

종합해 볼 때, 사회주의 본래 이념은 전쟁과 학살을 반대한다는 것

---

17) 홉스봄(1997) 544, 639~640.
18) 홉스봄(2008) 130~131.
19) 홉스봄(1997) 322, 618.
20) 최호근(2005) 263.

을 알 수 있다. 레닌이 전쟁불가피론을 역설하긴 했으나 학살을 정당
화하지는 않았고 스탈린의 공포정치는 사회주의 '이념'과는 거리가 있
는 것이었다. 그러나 스탈린 체제는, 이후 태동한 신생 공산국가의 모
델이 되어 폭력을 정당화하는 데 기여했다. 또한 인민의 희생을 당연
시하는 모택동주의 및 이를 변형시킨 폭력적 이념이 20세기 좌익에
의한 학살의 정당화와 관련이 있다고 할 수 있다.

그렇다면 한국전쟁 당시 좌익에 의한 학살은 사회주의 이념과 어떤
관계를 갖는가. 그 점을 보기에 앞서 한국전쟁 전후 좌익은 어떻게 조
직되었고 어떤 활동을 했는지 개관해보자.

2. 좌익의 조직과 활동

1917년에 러시아 혁명이 일어나자 이것이 우리나라에도 영향을 미
쳐 1920년 즈음 공산주의 이념이 국내에 수용되었다. 국내외에 걸쳐
서클이 조직되었으며 운동도 활발히 전개했다. 1925년 조선공산당이
결성되었으며 국제공산당(코민테른)의 승인까지 얻게 된다. 레닌은
독립자금을 보내주기까지 했다. 그러나 자체 내 파벌싸움과 일제의
검거로 1928년 이후 거의 괴멸되었고 일제의 탄압이 심해져 비합법
적 방법을 통한 산발적 운동을 전개할 수밖에 없게 된다.[21] 이들 사
회주의자들은 항일운동을 열심히 했으며 따라서 일제는 그 어떤 세
력보다 사회주의자들을 타도하는 데 열을 올렸다. 그럼에도 불구하
고 사회주의자란 이유 하나만으로 어떤 항일투쟁을 했던 간에 국가
기관이 그 공을 인정하지 않는 것은 참으로 안타까운 일이라 하지 않

---

21) 이후 사회주의자의 활동에 대해서는 최규진(2006) 참조.

을 수 없다.[22]

일제가 항복하자 여운형은 안재홍과 함께 조선건국준비위원회(건준)를 결성했고, 8월 16일 안재홍의 방송연설은 전국적으로 건준지부를 결성하도록 고무했다. 처음에 건준 조직은 좌우 연합의 형태였으나 점차 우익이 이탈했고 조선공산당의 영향을 강하게 받게 되었다. 북한에서도 자생적으로 건준이 결성되었으나 소련군 진주와 더불어 좌익이 강화되는 방향으로 재편된다. 남한의 건준은 미군이 입성하기 전 조선민족의 자치능력을 표시하기 위해 건준을 해체하고 조선인민공화국(인공)을 수립한다. 또한 이승만을 주석으로 하는 등 좌우익 연결을 시도했다. 그러나 선임된 우익이 모두 참여를 거부하여 결과적으로 좌익이 주도하게 되었다. 인공수립 후 지방의 건준은 인민위원회로 개편된다. 한국의 군(郡) 가운데 약 반수가 인민위원회의 지배를 받았다.[23]

9월 8일 미군이 인천에 도착하여 미군정이 시작된다. 미군은 남한에 사회주의자들이 득실대며 자신들을 반대하고 있다는 일본 인사들의 말을 듣고 인공과 인민위원회를 매우 적대적으로 대했다. 그럼에도 불구하고 10월 말까지도 지방에서는 인민위원회가 행정을 담당했다. 일부 지방의 인민위원회는 미군정의 탄압에도 1946년 가을에서야 소멸됐다. 제주도와 같이 고립된 지역에서는 인민위원회가 군정 3년 동안 계속해서 영향력을 발휘하기도 했다.

당시 한국에는 좌익이 압도적 우세를 보였다. 우익은 임정 지지와

22) 좌익의 독립운동에 대한 재평가에 대해서는 강만길(1997) 참조. 이는, 독립운동을 했다는 이유만으로 그 이후의 독재에도 불구하고 찬양되는 이승만과 대조된다. 더구나 이승만은 실제로 독립운동을 했다고 보기 어려운 측면이 많다. 그는 일본을 별로 비판하지 않았으며 주로 선교활동과 교육에 힘썼다.
23) 건준, 인공, 인민위원회에 대해서는 최상용(1988) 77~99 참조.

이승만 지지로 분열되었다. 좌익이 이미지도 더 좋았다. 그 시대를 산 사람들은 좌익을 지식인이자 신사로, 우익은 건달, 깡패로 기억한다. 그런데 12월 28일 소련이 신탁통치를 주장한다는 소식이 한국에 전해지면서[24] 국내에 반소적 분위기가 고조되었다. 반소는 곧 반공을 의미하기도 했다. 신탁통치를 둘러싼 대립은 좌우익 대립으로 비화했다. 우익은 일제시기 친일 행적으로 기를 못 펴고 있다가 반탁운동을 통해 국면전환의 기회를 얻는다. 이들은 미군정보다 더 앞장서서 좌익 타도를 외쳤다. 좌익의 집권은 친일청산 및 자신의 모든 기득권의 상실을 의미하는 것이기 때문이다. 미군정은 좌익을 탄압하면서도 한편으로는 좌우합작을 권유했다. 그러나 1946년 5월 4일 조선정판사사건(위폐사건)을 계기로 좌익에 대한 탄압을 본격화한다. 이에 좌익은 전술을 바꾸어 정당방위를 위한 역공세라고 하는 '신전술'을 채택하면서 급진화하고 지하화하게 된다. 이 사건은 해방 후 조선공산당세력에게 가장 큰 타격이 되었다. 이로 인해 공산주의자들은 합법적 공간에서 사라지고 미군정과 정면 대립의 길을 걷게 된다. 그 대립은 1946년 9월 총파업, 10월 인민항쟁, 1948년 2·7 구국투쟁, 제주 4·3항쟁, 여순사건으로 이어지게 된다.

이러한 상황이 결국 한국전쟁까지 이어지게 된다고 할 수 있는데 그 과정에서 주도적인 좌익 조직을 살펴보면, 우선 '야산대'를 들 수 있다.[25] 야산대는 남로당의 무장부대[26]로서 당 조직에 준해서 조직되

---

24) 이것은 이미 잘 알려져 있다시피 동아일보의 오보였다. 사실은 오히려 미국이 신탁통치를 강하게 주장했다.

25) 이후 전쟁 이전 좌익 조직과 활동에 대해서는 주로 김남식(1984)의 『남로당 연구』의 393~443쪽을 정리한 것이다.

26) 제주에서는 '자위대'로 불렸다.

었다. 도를 2~3개 지역으로 나누어 지구 블록을 만들고 1개 블록이 몇 개의 군을 지휘하는 형태였다. 도당에 야산대 도사령부를 설치했으며 사령관은 도당 부위원장이 겸했다. 1948년 2월 7일 노동자총파업투쟁을 계기로 그 조직이 본격화되었다. 야산대는 주로 남로당원 중 일본군 출신으로 군사경험이 있는 자와 지하에서 당 활동을 하고 있는 자들을 중심으로 조직되었다. 야산대의 조직화가 본래 본격적인 무장투쟁 단계로의 이행을 뜻하는 것이 아니었으나 제주 4·3항쟁, 여순사건으로 인해 유격투쟁으로 넘어가게 된다.[27] 특히 여순사건을 일으킨 군인들이 이동하면서 관공서를 비롯한 지서 습격을 계속하고 있었기 때문에 이들과 협동작전을 하면서 수습하지 않으면 안 되는 상황이었다. 여순사건을 일으키고 지리산으로 입산한 군인들은 김지회와 홍순석 등의 지휘 아래 지방남로당의 야산대와 합류하여 무장투쟁을 계속 전개했다. 주로 토벌대와 경찰서를 습격했다. 이 같은 활동과 더불어 제주도, 호남, 영남 일부에서 몇 개의 유격전구가 형성된다.

1947년 중반기부터 평남 강동군의 정치학원인 강동정치학원에서 당 간부 교육을 실시했다. 도당 부위원장, 부장, 군당위원장, 부위원장 급을 입교시켜 교육시킨 후 남파하기 위한 목적에서였다. 서울시 중구 당위원장과 강원도당 부위원장인 맹종호도 여기서 3개월 교육을 받고 남파되었다. 1948년 11월 17일에는 강동정치학원 출신 유격대 180명이 오대산지구로 침투된다. 1949년에 들어와서는 게릴라요원 양성기관으로 성격이 바뀐다. 남한에서 유격전구가 형성되자 유격투쟁에 대비한 훈련소로 체제를 바꾼 것이다. 1949년 6월 25일 조국전선 결성과 함께 선언문이 발표된 뒤에는 수백 명씩 집단적으로

---

27) 여순사건에 대해서는 김득중(2009) 참조.

남파되었다. 9월 6일에는 학생 360명이 조선인민유격대 제1병단으로 편성된다.

강동정치학원 외에, 경기도와 강원도 등 북한과 인접된 지역에서는 북한에 설치된 인민유격대훈련소에 당원을 보내 일정기간 훈련을 실시한 후 남파시켰다. 장풍군 영남면 인민유격대훈련소는 경기도당에서 개성지구의 당원을 월북시켜 교육시킨 후 남파했다. 양양 인민유격대훈련소는 주로 강원도당 산하 유격대원을 월북시켜 재교육을 실시한 후 남파했다. 옹진지구유격대는 연백군 괘궁면의 빈 절에서 20명 정도가 모여 유격대를 만들어 책임자 이봉식의 지휘 아래 청단지구의 미군 초소 및 백산경찰서를 습격했다. 그러다가 옹진군 교정면 월정리라는 38선 이남 부락으로 이동했다. 옹진군 특히 월정리는 유격대에 유리한 지형조건을 갖추고 있어 이곳을 점령하여 해방구를 만들고 남로당 자치구역으로 하여 리인민위원회, 면인민위원회와 치안부를 만들었다. 이를 근거지로 하여 주변지역을 침범하면서 유격활동을 전개했다. 1949년 상반기 전남북과 경남북에서 경찰서 습격, 경찰과 교전, 국군 20연대, 3연대와 교전 등 유격대의 무장투쟁이 이어졌다.

1949년 6월말 조국통일민주주의전선(조국전선)이 결성되어 평화통일선언서가 발표되고 7월부터 무장유격전술이 새로운 단계로 들어선다. 즉 산발적으로 진행되는 유격투쟁을 조직적으로 하기 위해 유격대를 통합하여 '인민유격대'가 편성된다. 각 지구별 3개 병단으로 편성되는데 오대산지구가 1병단, 지리산지구가 2병단, 태백산지구가 3병단이다. 이들에 대한 통일적 지도는 박헌영 세력이 담당했다. 1949년 6월 30일부터 7월 1일 남북노동당이 합당하여 조선노동당으로 바

꿰어 김일성이 위원장이 되었지만 대남정치공작은 부위원장 박헌영, 이승엽 등 남로당계가 전담했다.

인민유격대가 편성된 후 유격투쟁은 보다 격렬해졌다. 모든 당 조직은 지도부의 일부를 자기 관내의 산악지대로 이동시켜 이로 하여금 무장투쟁을 지휘하게 했다. 북에서 인민군이 온다는 허위선전으로 당원들을 강제로 입산시켜 야산대와 인민유격대를 확장하기도 했다. 무장유격대의 장비는 처음에는 낫, 호미, 곡괭이, 죽창, 장도 등이었으나 점차 카빈, M1, 경기관총, 중기관총, 박격포까지 갖게 되었다. 지리산 지역에서는 무기를 수리하고 폭탄을 만드는 철공장까지 운영했다. 무전대와 촬영대가 제2병단 사령부에 배속되었으며 유격대 복장을 만들고 수선하는 재봉틀과 오락용 악기까지 있었다.

무장유격대는 식량을 구하기가 점점 어렵게 되자 부락을 습격해 우익계 농민들에게서 곡물을 빼앗고 부락민에게 식량을 근거지까지 운반시켰다. 강제로 토지개혁을 시행하기도 했다. 즉 부락을 점거하여 부락민들에게 토지개혁을 한다고 선언한 후, 지주, 부농의 집에 불을 질러 토지문서 등을 태우고 그들의 토지를 무상으로 소작인에게 분배하고는 유격대에 식량 제공을 요구했다.

인민유격대의 3개 병단과 각 지방의 야산대는 북한으로부터 남파된 강동정치학원 출신의 유격대와 합류하여 '아성공격'[28] 전술로 넘어간다. 1949년 7월 이후 아성공격의 예로는, 청도군의 경찰지서와 면사무소 습격, 경주발 안동행 열차의 군경 살해와 무기 탈취, 거창 경찰서, 군청, 재판소 점거 및 좌익범 탈출, 합천읍 경찰서, 읍사무소, 금융조합, 우편국, 군경 지정여관 파괴, 국군 3사단 22연대 습격 등이

---

28) 관공서가 밀집되어 있는 도시, 경찰서, 군사령부에 대한 정면공격을 말한다.

있다.

겨울철에 들어서면서 유격대의 거점인 산악지대와 민간부락과의 연계가 두절되고 심한 설한에 부딪쳐 유격대 활동이 불리하게 된다. 이에 군과 경찰이 강력한 토벌작전을 전개하여 유격대에 결정적 타격을 입힌다. 1949년 10월 사령관 최현이 해남군 전투에서 사살된 뒤 대부분이 귀순, 생포, 사살되었고 소수만이 호남지구를 벗어나 지리산지구로 이동했다. 최현 사살 후 호남지구 유격대사령관은 당시 전남도당 부위원장이었던 김선우가 맡았다. 지리산지구는 사령관 이현상이 부대를 3개 지대로 개편하여 2개 지대는 포위망을 뚫고 전북과 전남의 평야지대로 진출시켜 월동과 함께 새 활동 지구를 개척케 했으며 1개 지대만을 지리산에 근거를 두게 하여 동계 토벌을 피하도록 했다. 1950년 5·30 선거를 앞두고 이를 파괴하기 위한 유격투쟁이 경남 산청을 비롯한 각 지방에서 있었지만 그 규모는 미미했다.

박헌영과 이승엽은 6월 25일에 있을 인민군의 전면 남침에 호응하도록 남로당계 유격대를 모두 규합해 동해안을 통해 남한에 상륙시킨다. 6월 초 김달삼, 안노주, 송재헌, 조용구 등을 경북 청도 운문산 지구에 침투시켜 그 지방에서 유격대를 조직하여 인민군 남하 때 호응하도록 했다. 6월 11일에 60명의 유격대가 38선을 넘어 8사단 지역으로 침투하여 곧바로 소부대로 재편됐다. 체포된 유격대원에 의하면 이들은 "국군과 경찰을 만나도 전투하지 말고 또 오대산 지역도 우회하여 곧바로 원주, 홍천, 청주, 안동, 영주 지방으로 가라"고 명령 받았다고 한다. 이를 보면 이들은 깊숙한 내륙침투를 기도하고 있었음을 알 수 있다. 이 밖에도 이 시점에 강원도 지방으로 침투하는 소규모의 유격대들이 목격되었다. 6월 13일에 약 40명이 6사단 지역으로 침투했는데 이들은 모두 양양에 있는 부대의 일부였고 나머지도 곧 38선을 넘을 것이라는 정보가 입수되었다. 이들은 모두 새로운 무장을 하였는데 기관총을 소지한 것이 특징이었다. 춘천지구로도 500명이 침투했다. 국군은 유격대 진압이 모두 끝났다 생각했다가 이러한 새로운 중무장 부대가 침투하자 긴장했다. 그러나 이들은 전면전쟁을 시작하기에 앞서 사전에 침투되어 인민군이 공격을 하였을 때 이에 호응하여 산악과 지방에서 남한의 치안조직을 파괴하기 위한 것이었다. 유격대 200명이, 인민군이 한강을 넘기 전에 미리 대전에 잠입하여 민중봉기를 조직하려고 시도하였으나 이들의 진격이 늦어져 정규군과 거의 같은 속도로 대전에 들어가는 바람에 이 전술은 실패하고 만다.[29] 또한 인민유격대는 인민군이 서울을 점령하고 낙동강에 이르렀을 때 지방좌익청년들을 선동하여 인민군과 협동작전을 펴게 했다. 이러한 공작은 인민군 남침에 호응한 것으로, 김일성과 박헌영이 당초 기대했던 것에 비해서는 극히 소규모적인 것이었다.

6월 25일 남침 후 실질적인 점령업무는 치안여단인 706여단에 의해 수행됐다. 치안부대는 북한군 전 부대에 골고루 배치되어 인민위원회를 감시하며 필요한 행정조치를 지시했다. 제706여단은 내무성 경비국장 박훈일을 사령관으로 하여 1950년 8월 1일 서울에서 예하 8개 연대로 창설되었고 이후 4개 연대를 추가하여 모두 12개 연대, 49개 대대 24,000명으로 구성되었다. 1개 연대는 약 2,000명이었다. 치안여단은 예하부대의 행정지원과 전술적 지원을 하였고 고도의 분권화된 체제를 유지했다. 이 치안부대 병력 가운데 기간요원들은 북한에서 파견된 사람들이고 나머지 대원들은 남한에서 징집된 사람들이었다. 임

---

29) 박명림(2002) 206.

무는, 남한점령지역 내에서의 북한군의 병참선 확보, 민간인 통제 및 행정지원, 점령지 내의 고립된 국군 및 유엔군 섬멸, 필요시 대대단위로 전투에 참가하는 것이었다. 101, 103, 104, 107연대 등이 전투에 참가했다. 특히 유엔군이 낙동강 전선을 돌파했을 때 북한군을 위한 철수로 확보에서 중요한 역할을 수행했다.[30]

북한군의 남침 후 점령 지역에서는 최우선적으로 당체계가 구축되었다. 북한군의 점령정책에 있어서 특징은 점령군이 일정기간 위임통치하는 방식과 달리, 당조직 요원을 미리 침투시켜 군부대 진출과 함께 즉각적으로 당중심체제로 전환하여 통치하는 것이었다. 이 시기 남한의 당조직은 거의 붕괴 상태였다. 원래 북한은 남한에 잔류하고 있던 지하당원을 규합하여 공산군과 배합작전을 펼 예정이었으나 1950년 3월 27일 남한의 당조직을 지도하던 김삼룡과 이주하가 체포된 이후 공산당의 지하조직은 거의 파괴되었고, 몇 명의 하급 간부들만 남아 소극적인 조직활동을 지속하는 것이 고작이었다.[31] 더구나 전쟁 발발 후 군경 및 우익집단은 남하하면서 보도연맹원 등 좌익혐의자들을 무수히 학살했다. 공식적으로 확인된 수는 5천 명이나 확인되지 않은 희생자까지 합치면 20만 명에 이를 것이라는 추측도 있다.[32] 이후에 발생한 좌익에 의한 학살도 이에 대한 보복의 성격이 짙다.

6월 28일 남로당 출신으로 남한 사정에 밝은 이승엽이 서울시 임시인민위원회 위원장으로 임명되어 당 재건을 총지휘했다. 당 재건을 위해 우선 당 위원회가 중앙, 도, 군, 면 순위의 하향식 방법으로 조직

---

30) 서용선(1995) 44~46.
31) 김동춘(2000) 138; 소정자(1966) 69.
32) 경향신문 2009.11.26.

되었다. 서울시에 남한의 당사업을 총체적으로 지도하는 중앙당 지도부격인 '서울지도부'를 두었으나 점령지역이 확대되면서 서울지도부의 일부가 대전에 파견되어 대전지도부가 결성됐다. 북한 측은 남한의 각 도와 중요 도시에 7, 8명의 당위원장과 도인민위원장 급의 당원을 파견하여 군당위원장 일부, 또한 해안 지역의 경우 면당위원장까지 북로당원이 장악하게 했다. 남한에 잔존하던 좌익들은 국민보도연맹에 가입하거나 당 활동을 사실상 중단했기 때문에 북한은 이들을 불신했다. 따라서 지방의 좌익들은 북측의 눈치를 살필 수밖에 없었다. 그래서 초기에 지방 좌익이 당위원장이 되었다가도 곧바로 교체되는 경우가 많았다.[33]

당의 건설 다음으로 국기기관이라 할 수 있는 새로운 인민위원회가 구성되었다. 1950년 6월 28일 인민군이 서울을 점령하자 김일성은 '진정한 인민정권인 인민위원회'의 부활을 가장 우선적인 과제로 설정했다. 남한에서의 인민위원회 조직은 재건이라기보다 새로 건설되는 것이나 마찬가지였다. 앞서 언급했듯이 남한의 좌익 조직은 거의 와해된 상태였기 때문이다. 그러나 북한군이 서울을 점령함과 동시에 보도연맹원과 형무소에서 출감한 좌익, 잠복해 있던 좌익들이 연합하여 각처에서 동인민위원회를 결성하고 동사무소와 파출소를 점령했다. 즉 좌익들이 스스로 인민위원회를 결성하여 치안을 떠맡고 행정기관의 역할을 한 것이다. 이러한 인민위원회가 도처에서 생기자 북한정권은 이를 합법화할 필요를 느끼고 선거를 통해 합법화 작업을 했다.[34] 7월 15일부터 9월 13일까지 도를 제외한 군, 면,

---

33) 김동춘(2000) 329.

34) 서용선(1995) 25.

리(동)에서 각각 인민위원회를 구성하기 위한 선거가 실시됐다. 20세 이상의 모든 이에게 선거권이 부여되었으나 친일분자(일제하 총독부 책임자, 도군 책임자, 판검사, 일제를 경제적으로 원조한 자), 친미분자(국회의원, 도지사, 경찰서장, 악질 경찰, 판검사, 반공단체장)는 선거권이 박탈됐다. 이 선거에서 북한에서 파견된 공작원들이 상당수 당선됐다. 이들은 실권이 있는 인민위원회 서기장직을 맡거나 부위원장직을 맡았다. 따라서 위원장은 그 지방출신이 주로 되었고, 서기장 또는 부위원장은 북로당계 출신이 맡았다.[35] 위원장급은 당책이 그러하듯 대체로 일제시기 유학을 했거나 교육받은 지식인들이 차지했다. 그러나 빈농, 머슴, 노동자 출신 중 이론과 실천력을 갖춘 사람들이 상당수 되기도 했다. 인민위원회는 대부분 소작인들로 구성되었으나 대체로 해당지역 당 간부가 인민위원을 겸임하거나 투쟁 경력이 있는 사람들이 인민위원회와 각종 자치위원회의 중책을 맡았다. 여성도 많이 당선되어 전의원의 약 10%를 차지했다. 군인민위원 가운데 566명, 면인민위원 가운데 2,550명, 리인민위원 가운데 7,609명이 여성이었다. 인민위원회는 민족반역자의 재산처리, 재정기관 문서장악, 도시시설 복구, 병기공장 장악, 언론출판사의 장악과 선전업무를 수행했다. 또한 북한헌법에 명시된 인민위원회 임무 외에 토지개혁 및 노동법 실행, 농업생산량 증산계획 수립, 현지 산업시설 및 수송시설 유지, 파괴된 도로, 교량, 철도교의 복구 임무가 추가로 부여됐다.[36]

경찰에 해당하는 내무서, 검찰에 해당하는 정치보위부도 설치되었

---

35) 김남식(1984) 448~449.
36) 서용선(1995) 28.

다. 내무서는 내무성 안전국의 산하기관으로, 도에는 도지부, 시와 군
에는 시·군 내무서, 면과 동에는 면·동분서가 각각 설치되었다. 작
은 지역 단위에서는 분주소라 불렸다. 이 곳에서는 자발적으로 조직
된 예비 경찰기구인 자위대가 있었는데 이들의 구성원은 보도연맹에
가입했던 자나 민청원 또는 자칭 공산주의자들이었다. 이 자위대는
마을의 치안유지와 지역 방위를 하면서 주요 정보망 역할을 했는데
주간에는 5명, 야간에는 10~15명으로 조직되어 활동했다. 자위대에
소속된 대원들은 자신의 충성심을 인정받기 위해 열성적으로 활동하
여, 가택수색, 징병자 수색, 현물세 징수, 식량 및 물자 징발 등도 담
당했다.[37]

　　내무성 산하의 정치보위국도 도·시·군·읍에 설치되었다. 예하에
있는 정치보위부는 당 직속의 최고검찰기관이다. 정치보위부는 점령
지역 내의 검찰조직의 총책임을 맡고 있다가 8월 말경 내무서의 정규
경찰과 정치보위부의 분리가 시도되어, 정규경찰은 지방 인민위원회
의 관할로 편입되었고, 정치보위부는 독립된 기관으로 남게 되었으나
전반적인 경찰력 통제는 계속 정치보위부가 담당했다. 내무서의 정규
경찰은 통상적인 경찰업무를 수행한 반면, 정치보위부는 정치범과 군
사범에 대한 수사를 담당했다. 주민들은, 좀 더 심각한 범죄를 저질렀
거나 높은 지위에 있는 사람들이 정치보위부에게 끌려갔다고 말했다.
정치보위부에는 비밀경찰이 있었는데 이들은 독일의 게슈타포와 같
이 공산당원, 내무서원, 내무성 정치보위부원, 일반대중에 대한 사찰
업무도 수행했다.[38]

37) 권영진(1990) 81; 서용선(1995) 60.
38) 서용선(1995) 60.

공식적인 조직의 설치뿐 아니라 북한은 광범위한 일반 대중을 직업별, 계층별로 최소한 하나의 단체에 가입시켜 주민들을 통제했다. 민주청년동맹(민청), 민주여성동맹, 직업동맹, 농민동맹, 문화총동맹 등이 그것이다. 간부가 부족해지자 이를 충당하기 위해 각도에 도당(道黨) 학교를 설립하기도 했다. 그 외 소년단, 조국보위후원회가 있었고 토지개혁을 위해 농촌위원회를 조직했다.[39]

인민군이나 공식 조직에 속한 좌익 외에 '바다 빨갱이'라 불린 지방 좌익들이 있었는데 이들에 대해서는 거의 모든 사람들이 부정적으로 평가했다. 이들은 공포 그 자체였다. "인민군들이 그런 게 아니고 다 아는 사람"들이 가족 모두를 죽이는 숙청을 했다는 것이다. 즉 서로 알고 지내던 사람들이 좌익으로 돌변해 사적 보복을 가하는 데 앞장섰다. 이들 상당수는 보복심과 증오감을 가진 불량배로, 치안대 등의 명칭을 단 이 청년들은 허리띠에다 손가락만한 빨간 헝겊을 감고 있었는데 몇 명씩 무리를 지어 다녔고 모두 손에 몽둥이를 질질 끌고 다녔다고 한다. 이들은 집안 사정을 속속들이 알고 있어서 더욱 공포의 대상이었다.[40]

반면 인민군에 대해서 사람들은 별로 부정적으로 말하지 않는다. 특히 인민군 간부에 대해서는 거의 대부분의 사람들이 좋은 인상을 가졌다고 말한다.[41] 이들은 부자의 재산을 몰수하고 그들의 집에서 잠을 잤으며 빈민층에게는 재물을 나누어 주었다고 한다. 또한 많은 사람이 인민군이 매우 어렸다고 말한다. 아마도 전투 경험이 없는 어린 사람을 주로 후방에 배치해서 마을 사람들이 주로

---

39) 서용선(1995) 22; 김동춘(2000) 139.

40) 김동춘(2000) 187.

41) 김동춘(2000) 184.

이들을 많이 보았기 때문일 것이다. 인민군 중에는 함흥사범학교 2학년생이 있었는데 그는 부모도 못 만나보고 학교에서 동원되어 왔다고 한다. 이들은 또한 벼와 수수에 낱알이 몇 개 붙어있는지 조사하고 다녔는데 이것이 결정적으로 마을 사람들의 인심을 잃게 한 일이었다.

인민군 수는 나날이 부족해져서 의용군이 모집되었다. 의용군 동원은 3단계를 거쳐 진행되었다. 1단계는 7월 1일에서 6일 사이에 실시되었는데. 감옥에서 풀려난 좌익계 정치범과 공산주의자, 학생 등이 자원하는 형식이었다. 그러나 목표에 지원 숫자가 미치지 못하자 징집이 시행되었는데 이것이 2단계이다.[42] 7월 6일 당 결정으로 "의용군 초모(招募)사업에 대하여"가 선포되었는데 그 내용은, 첫째, 의용군은 18세 이상의 청년으로 하되 빈농민 청년을 많이 끌어들일 것, 둘째, 각 도에 할당한 징모수는 책임 완수할 것, 셋째, 전 남로당원으로서 변절자(보도연맹 가입자)도 의무적으로 참가시킬 것이었다. 이 결정에 따라 각급 당 조직에서는 의용군 모집을 위한 구체적 계획을 수립하고 이를 민청을 비롯한 사회단체에 지시했다. 각 사회단체에서는 군중집회, 궐기대회를 열고 맹원들을 모두 의용군에 들어가도록 강요했는데 이때는 자원성보다는 강제성을 띠었다. 학생들은 18세 이하만 등교하게 하고 나머지는 민청에 가입시켜 의용군에 입대할 것을 강요했다. 3단계는 8월 초부터 시작된 것으로 노골적인 강제 형태의 징집이었다. 심지어 서울에서는 민청원들을 거리의 요소에 배치시키고 지나가는 청년들을 민청 사무실로 연행하여 강제 입대시켰다. 서울대 상대에서는 노어 강습을 열고 이에 참가한 학생을 모두 의용군으로 입대시키기도 했다. 8월 10

---

42) 서용선(1995) 40~41.

일 동·면의 경우 의용군 조직위원회가 결성되어 의용군 모집을 조직적으로 담당했다. 이 위원회는 5명으로 구성되었는데 모든 당·정·내무·군 기관의 최고책임자들의 조직체였다.[43] 8월 말 이후에는 가가호호 수색하여 체포하는 방법으로 동원했다. 민청원, 내무서원, 인민군이 한 떼가 되어 새벽 2, 3시에 집을 수색해 청년들을 붙들어갔다.[44] 이러한 방법으로 강제징집된 의용군 수는 『조국해방전쟁사』에서는 40만으로 밝히고 있다. 이들은 집결되어 훈련을 받고 일부는 북으로, 일부는 낙동강전선에 동원되었다. 각도에서는 9월초 의용군을 중심으로 여단을 편성했다. 경북에 안동여단(36여단), 충남에 대전여단, 전남에 광주여단이 있었으며 당시 의용군총사령관은 노동당 부위원장인 이기석이었다.[45]

3. 우익 숙청과 대량 학살

한국전쟁 기간 동안 좌우익은 서로 간에 대량학살을 자행했다. 김동춘은 이 시기 학살을 세 가지 즉 '작전으로서의 학살,' '처형으로서의 학살,' '보복으로서의 학살'로 분류하는데[46] 그 각각의 경우와 사회주의 이념은 어떻게 관계되는지 살펴보자. 대체로 작전으로서의 학살은 미군이나 국군에 의한 무차별적 학살로, 처형으로서의 학살은 좌익에 의한 학살로, 보복으로서의 학살은 좌우 모두에 의한 것으로 설

---

43) 박명림(2002) 212.
44) 김동춘(2000) 175.
45) 김남식(1984) 451~452.
46) 김동춘(2000) 211~233.

명되고 있다. 그러나 작전으로서의 학살 역시 좌익에 의해서도 행해졌다. 또한 이 세 가지 학살의 경우 각각, 사회주의 이념과의 관련성이 일정한 차이를 보이며 드러나고 있다.

1) 작전으로서의 학살

작전으로서의 학살은 군사작전의 수행과정에서 발생하는 학살로, 군 수뇌부의 공식 재가를 얻어 수행되거나 또는 정당한 명령 계통을 통하지 않고 예상되는 위험으로 보호받기 위해 일시적이고 비공식적으로 행해진다.[47] 이러한 학살은 미군이나 군경에 의해 주로 자행된 것으로 알려져 있으나 좌익도 역시 이를 행했다. 좌익과 이러한 유형의 학살이 별반 무관한 것으로 여겨지는 것은, 원칙적으로 인민군을 포함하여 좌익이 이를 금했기 때문이다. "인민군대는 기율이 엄정했고 추호의 민폐"가 없었다고 전해진다. 그렇게 한 이유는 이것이 전술상으로도 중요한 문제였기 때문이었다. 즉 적이라 하더라도 작전상 불가피할 경우를 제하고는 가급적 살인은 안 하는 게 전술상으로도 유익하다고 여겨졌다. 왜냐하면 "적 하나를 죽이면 그 가족 다섯을 적으로 만들게" 되어 보복 살인이 발생할 뿐만 아니라 인민대중의 지지도 잃게 되어 결국 패배하게 되게 때문이었다.[48] 인민군 12사단 독전대장 강동호는 민가에서 음식을 징발할 때 사람을 절대 죽여서는 안된다고 엄명했다. 그는 부락민의 적의를 사게 되면 결국 살아서 후퇴할 수 없다는 것을 누누이 설명했다고 한다.[49] 빨치산이었던 이태도

---

47) 김동춘(2000) 208.
48) 김세원(1993) 74, 97, 101.
49) 중앙일보사(1985c) 87~90.

같은 증언을 했으나 그 같은 원칙을 꼭 지킬 수는 없었다고 고백했다.

> 당시 남부군부대는 보급투쟁 등으로 마을에 내려갈 때 으레 '인
> 민성을 제고하라'는 훈시를 했다. 인민은 우리의 주인이니 인민의
> 거처인 안방에는 들어가지 마라. 식량은 빼앗지 말고 설득해서 얻
> 어라. 꼭 필요한 물건 아니면 손을 대지 말고 불필요한 폐를 끼치지
> 말라는 것이다. 그러나 중국해방군처럼 '해방지구'를 갖지 못했고
> 언제나 추위와 굶주림에 떨어야 했던 우리에게는 '인민성'을 발휘할
> 여유가 없었던 것이다.[50]

이태의 말을 보면 '중국해방군'은 엄격하게 원칙을 지켰다는 것을
알 수 있다. 한국전에 참전한 중공군 역시 그러했다. 미군, 국군, 인민
군의 경우와는 다르게, 중공군에 의한 민간인 피해 사례를 접하기가
어렵다. 미군이 오면 강간당하지 않기 위해 여자들이 숨고 인민군이
오면 의용군으로 끌려가지 않기 위해 남자들이 숨었다면, 중공군이
왔을 때는 남녀 모두 나와 있을 수 있었다고 한다. 5공화국 시기에 통
일부장관을 지낸 이세기(현 한중친선협회 회장)는 박사논문으로 중국
에 대해 썼고 통일부 장관 재직 시절 대중관계 및 대북관계 개선에
중요한 역할을 했는데 그 모든 첫 계기는 한국전쟁 때 경험한 중공군
때문이었다고 했다. 그의 경험담을 들어보자.[51]

> 그야말로 숨죽이는 생활이 상당 기간 계속되던 어느 날 갑자기
> 중공군이 우리 마을에 들이닥쳤다. 1개 대대 병력의 중공군은 마을
> 에서 가장 큰 집이었던 우리 집에 대대본부를 차렸다. 온돌방 지하

---

50) 이태(2003) 364.
51) 이세기(2012) 51~52.

생활이 어렵게 된 나는 할 수 없이 은신처에 나와 두려운 마음으로
중공군과 마주했다.

나는 당시 '떼국놈, 오랑캐' 등으로 회자되던 중공군이 북한 인민
군 보다 더 무자비할 것이라고 생각했다. 그런데 예기치 않게 그들
은 어린 나를 귀엽게 봐주었다. 그들은 겉으로 보기에 하는 일 없이
낮에는 숨어 지내고 밤중에만 밖으로 나와 활동했다. 식사는 우리
와 달리 하루에 두 끼를 한 번에 많이 먹었다. 어린 나는 그게 참
이상하게 보여, '전쟁은 밥 먹는 시간조차 충분히 주지 않는 것일까'
하는 의문이 들기도 했다.

나와 중공군들은 우리 집에서 함께 생활하는 가운데 마치 한 식
구같이 친숙해졌다. 그들은 나에게 중국 노래를 가르쳐 주었다. 당
시에는 가사 내용을 모르고 그냥 따라 배웠는데, 중국동포인 조선
인 정율성이 작사·작곡한 〈의용군행진곡〉과 지금도 중국인들이
즐겨 부르는 〈공산당이 없으면 신중국도 없다〉는 노래였다.

약 20일 정도 우리 마을에 주둔한 중공군들은 북한 인민군들과는
전혀 다른 행태를 보였다. 그들은 엄격한 규율 속에서 생활했다. 마
을의 닭이나 돼지를 잡아갈 때 그들은 꼭 돈을 지불했다. 북한 돈을
줄 때도 있었고, 중국 인민폐를 줄 때도 이었다. 또 마을 사람들을
괴롭히는 일이 없었다. 전쟁 통에서 본 다른 나라 군인들과는 사뭇
다른 모습이었다. 어린 나는 그런 중공군들을 보며 '군대의 규율이
라는 것은 무섭고 대단하구나'라는 생각이 들었다.

나중에 알게 된 일이지만, 그것은 중국 공산당이 국민당 군을 물
리치고 혁명을 성공시키는 데 견인차 역할을 했던 '3대 규율과 8항
주의'라는 것이었다. '3대 규율' 중에는 '인민의 물건은 절대로 절취
하지 않는다'는 규정이 있었다. '8항주의'는 '공평한 매매, 빌린 물건
의 반환, 파손된 물건의 배상, 욕설·구타·농가훼손·부녀희롱·포
로학대 금지' 등을 담고 있다. 대학원 시절 김상협 교수님은 중공의
혁명이 성공하게 된 결정적인 요인으로 마오쩌둥 사상과 중공군의

엄격한 규율을 말씀하신 적이 있다.

　어쨌든 내 생애 최초로 만난 외국 사람들인 중공군과 함께 한 그때의 기억과 인상은 매우 특별한 것이었다. 이는 내가 학교에서 중국을 공부하고, 이후 지금까지 오랜 시간동안 중국과 좋은 관계를 가지게 된 아주 먼 원인(遠因)이 되었던 것 같다.

　공산주의 이론에 따르면 당은 인민을 해칠 수 없다. 전쟁발발 후 좌익은 선전사업을 하면서 당은 노동자·농민의 당이며 인민 유격대는 노동자·농민 즉 인민을 위한 유격대라고 강조했다. 이들은 인민의 "생명과 재산을 보호할 의무를 지고" 있으므로 만일 인민을 해치거나 피해를 입힐 시에는 지체 없이 당에 보고하라고 했다.[52] 인민군이 부녀자를 강간한 경우는 드물었으며 그런 경우 인민재판 후 처형되기도 했다.[53] 이태가 목격한 유일한 반인민적 사건으로, 인민군 중대장이 경찰관의 아내를 추행하려다 발각된 사건이 있었는데 그는 사령에서 권총으로 사살되었으며 이에 마을 사람들은 엄격한 규율에 찬사를 보냈다고 한다.[54] 필자가 논산지역 피해자들을 면담했을 때 한 여성이 의외의 말을 해서 순간 긴장했던 기억이 있다. 그 지역 좌익이 한 여성에게 아주 '몹쓸 짓'을 했다는 것이었다. 그래서 무슨 일을 했냐고 물어봤더니 여성의 옷을 풀어헤쳐 가슴을 보았다는 것이다. 이는 매우 모욕적인 성희롱 사건이 분명하지만 어쨌든 그것이 필자가 들은 좌익이 행한 유일한 성관련 사건이었다. 또한 필자가 조사한 사건 중 좌익에 의해 죽은 여성은 한 명이었다. 그 여성은 우익 활동가였으며

52) 김세원(1993) 105.
53) 정충제(1989) 152~154.
54) 이태(2003) 189.

대전형무소에서 처형되었다.

좌익에게 있어 원칙을 어기는 것은 사회주의가 아닌, 오히려 사회주의에 반대되는 것으로 여겨졌다. 즉 '자유주의적인 것'으로 여겨졌다. 절차를 거치지 않은 임의의 살해사건이 발생한 경우 이는 자유주의적인 것으로 비판되었다. 어떤 이가 잘못을 저질렀는데 당이 훈방으로 결정했음에도 불구하고 그 사람이 임의로 총살되자, 가해주체는 '장개석 군대'로 비유되면서 "그런 자유주의적 사고로 앞으로 빨치산 투쟁의 사활이 달린 당기율과 대중사업 앞에 나서는 혁명적 품성과 도덕성을 바로 세울 수 있겠"냐고 비판받았다. 즉 이들에게 '자유주의'는 규율대로 하지 않고 함부로 숙청하는 것을 지칭했다. 김세원은 "면당 간부들이 이렇게 반봉건적이고 자유주의적이며 당기율도 모르는 실정이었다"고 한탄했다.[55]

다른 한편 자유주의는 동료의 잘못을 인정상 봐주는 것을 의미하기도 했다. 특히 자주 거론되는 모택동의 '자유주의 배격 11훈'의 제1장은 "동창, 친지, 부하, 동료의 잘못을 알면서도 책하지 않고 융화의 수단으로 방임하는 것"으로 되어 있다.[56] 김세원은 자신이 살려준 사람에게 배반당하자, "나는 세상이 이토록 험악하다는 것을 깨닫고 … 나의 행위는 부르주아적 인도주의의 과오였다"고 자기비판을 했다. 이어 "새로운 경각심을 절감하면서 레닌 10훈과 자유주의 배격 11훈을 다시 생각했다"고 했다.[57] '자유주의 배격 11훈'은 당생활 신조로 중국공산당의 유격투쟁방식이었으며 빨치산 양성기관이었던 강동정치학원에서 피교육자 교육훈련에 포함되었다.[58]

---

55) 김세원(1993) 101, 124.
56) 이태(2003) 81~82.
57) 김세원(1993) 182.

인민을 보호한다는 원칙은 때로는 적군에게도 해당되었다. 이태에 의하면 어린 소년이 토벌경찰대에 끼어 있는 것을 보자 남부군과 전 남부대 대원들이 약속이라도 한 듯 일제히 사격을 멈췄다고 했다.[59] 필자가 조사한 사건 중 기록이나 증언을 통해 인민군에 의해 여성이 피해를 본 경우를 찾지 못했듯이 미성년자도 마찬가지였다. 단, 대전 집단희생 사건의 경우 한 소년이 희생되었다는 말이 무성했는데 실제 조사해보니 국제법상 보호받아야 하는 연령 바로 위의 나이였다. 또 한 이들은 적군 포로에 대해서도 살려 보내는 것을 원칙으로 했다. 김세원은 "생포된 군경은 모두 무기와 군복만 벗기고 살려 보냈다. 나는 연대장에게 교전 중에는 어쩔 수 없이 죽고 죽일지라도 앞으로도 생포된 사람은 제네바 협정의 인도주의 정신과 동포애로 살려 보내는 것이 옳다고 생각한다고 말했더니 연대장도 동감이라고 했다"고 했다.[60] 즉 학살을 반대하는 이념으로 인도주의, 동포애, 제네바 협정의 정신을 들고 있는 것이다. 빨치산이었던 이태 역시 자신을 인민의 편임을 자부하면서 "휴머니스트요, 높은 교양을 가진 인격자"로 인식했고 "훌륭한 코뮤니스트"가 되겠다고 다짐했다고 한다. 이현상의 경우, 그를 비방하는 사람들조차도 그가 정이 많고 자상하며 일생을 자기희생으로 살다 간 혁명가로 평가한다. 그는 때로 병약한 말단대원의 짐을 대신 져주는 풍모를 지녔으며 생포한 군경을 그냥 돌려보냈다. 그는 군경 포로를 적으로 인식하지 않았다고 한다.[61] 심지어 국군포로가 자발적으로 인민군이 되는 경우도 있었다. 국군포로 출신 인민군

---

58) 이기봉(1992) 42.
59) 이태(2003) 404.
60) 김세원(1993) 110.
61) 이태(2003) 227, 557.

인 최석도에 의하면 그와 같은 국군출신 인민군이 많았다고 한다. 자
신의 반에만 3명의 국군 출신 인민군이 있었다고 한다.[62]

특히 남부군은 경찰 포로를 잡으면 간단히 심사하고 다시 경찰에
들어가지 않겠다는 각서를 받은 후 노자까지 주어 돌려보냈다고 한
다. 부상자는 응급치료를 해서 들것에 실어 다른 포로들이 메고 가게
했다. 이들의 주소와 이름을 써놓게 하여 "만일 다시 반동짓을 하면
지방 당원을 시켜 즉시 처단하겠다"고 위협했다. "포로들을 무작정 끌
고 다닐 수 없으므로 호되게 위협만 주고 방면했다"는 것이다. 가회지
서 습격전 때는 백 명가량의 전투경찰이 포로로 잡혔는데 모두 서약
을 시킨 후 방면했다.[63]

이는 미군포로에 대해서도 마찬가지였다. 남부군 유격대는 다수의
미국인 포로를 잡았으나 끌고 다닐 수 없어 그냥 놓아 보냈다. 그 결
과 행동 방향이 드러나 네이팜탄 공격을 받기도 했다.[64] 인민군 제2
사단 포병연대장 임헌일은 미군 60명을 포로로 잡았는데 "그들의 표
정은 친근감을 갖게 하는 신사적 태도"였다고 회고했다. 자신은 그런
그들에 대해 비애를 느꼈으며 "너무 명분 없이 쉽게 투항해 오는 그들
이국병사들에게 인간적인 연민의 정"을 느꼈다고 했다. 공산군 탱크
사단 정치대위 오기완에 의하면, 전쟁 초기만 해도 인민군은 미군포
로를 국군포로보다 더 낫게 대우했다. 미군포로는 1천 명 정도 되었
으며 간혹 이들이 오만하게 구는 경우에만 즉결처분되었다. 그런데
그런 경우는 10명 정도였다고 한다.[65] "교전 중에는 서로 죽이려고 쏠

62) 최석도(2011).
63) 이태(2003) 314~315, 341~342.
64) 이태(2003) 282.
65) 중앙일보사(1985a) 294, 315. 실제로 손이 뒤로 묶인 채 머리에 총을 맞고 사

수밖에 없지만, 빨치산은 미군이든 국군이든 일단 포로로 잡으면 잘 타일러 살려 보내는 게 원칙"이었다. 이는 "정치위원 안철과 남도부가 항상 하는 말"이며 "빨치산은 사람을 죽이기 위해 싸우는 게 아니라 살리기 위해 싸운다는 것"이 구연철의 신념이었다.[66]

그러나 처음에 언급했듯이 실제로는 작전상 학살이 자행되기도 했다. 좌익이 점령한 마을에 들어온 한 경위는 정치부의 심사를 받은 후 다른 전투포로와 달리 이례적으로 총살당했다. 동상이 심해 대열을 따라갈 수 없는 초모병은 기밀보장을 위해 총창으로 처단되기도 했다. 빨치산에게 끌려가 돌아오지 않는 청년은 대체로 초모병이 되어 폐사하거나 처단되었다고 한다. 그러나 가끔 빨치산에 적극 합류하여 전사하거나 토벌대에 생포된 초모병도 있었다. 엽운산 가마골 초소에서는 첩자의 침입을 막기 위해 일일이 엄격한 심사를 했고 조금이라도 의심스러우면 사살됐는데 "공연한 신경과민으로 적어도 여남은 명이 억울한 죽임을 당했다"고 한다.[67]

그런데 이태는 이러한 불필요하거나 잔인한 학살을 사회주의가 아닌 일제의 유산으로 보고 있다. 황대용 문화부 중대장은 5명의 국군 포로를 즉석에서 살해할 것을 대원들에게 명령했는데 이를 못하고 떨고 있는 대원들을 일일이 지명해서 '찔러총'을 시켰다.[68] 이태에 의하면 남부군에서는 여간해서는 포로를 처단하는 일이 없었고 힘없는 적을 잔인하게 살상하는 것이 당성의 강도를 나타내는 것은 아니었는데

살된 6구의 미군 시신이 발견되기도 했다(중앙일보사(1985a) 299).
66) 안재성(2011) 154.
67) 이태(2003) 59, 343, 415.
68) 좌익에 의한 잔인한 학살의 한 예가 정순덕 증언에도 잘 나타나 있다(정충제 (1989)).

유독 황대용은 잔인성을 충성심의 척도처럼 생각하는 것 같았다고 했다. 이태는, "그러한 잔학행위가 그가 가장 증오한다는 일본 군국주의자들의 유습임을 그는 모르고 있는 것 같았다"고 했다. 황대용은 전쟁 발발 후 의용군과 함께 급조 편성된 유격부대에 참여한 '얼치기 빨치산'으로, 소속이 불분명했다고 한다.[69]

당시 빨치산 중에는 무엇보다 개인의 생명을 소중히 여기는 사람도 있었다. 이태는 심지어 당시 "조국과 인민을 위해서, 당과 수령을 위해서란 말을 하고 싶지 않다고 하면서 오로지 살기 위해 싸우라고 대원에게 충고"했다고 한다. 인간은 누가 누굴 위해 죽게 할 권리도 죽을 의무도 없다고 하면서 생명은 공평하게 누구에게나 하나라는 것이었다. 그는 명분을 위해 죽는 것도 일제 군국주의식 사고라고 생각했다. 그는 어릴 때 "동양평화를 위해서라면 이 한 목숨 무엇이 아까우리요"라는 일제의 노래를 회상했다. 또한 "그 당시 우리 사고를 지배했고 어느 면에서는 지금도 그 여운을 끌고 있는 군국주의 일본의 위선에 찬 사상교육"과 "나라를 위해 죽어서 돌아오라"고 함을 기억했다. 그에 의하면 사회주의는 그런 것이 아니다. 소련 군가 〈콤소몰 이별의 노래〉에서는 "되도록 살아서 돌아오라"고 했고, "부상을 입는다면 되도록 가볍게, 죽음을 당한다면 고통 없이 순간에"라고 기원한다고 하면서 '죽어서 돌아오라'는 가식에 찬 말보다 이 노랫말이 훨씬 인간적이라고 보았다.[70] 즉 사회주의 소련의 노래는 인간 생명을 중시했으나 일본 제국주의 노래는 인간의 희생을 주장했다는 것이다.

그는 남부군 상·하급자 관계도 옛날 일본군과 흡사했다고 말한다.

69) 이태(2003) 64, 90~91.
70) 이태(2003) 161~162, 167.

현재 군대에서도 쓰이는 "기합을 넣는다, 군대엔 이유가 없다, 군대는 요령이다, 군대는 밥그릇 수가 말한다, 구두에 발을 맞춰라 등"은 일본군의 구호인데, 그때는 해방 6년만이었으므로 일본군의 풍습이 국방경비대에 이어지고 14연대를 거쳐 남부군에 전해 내려왔다는 것이다. 또한 그는 다음과 같이 말했다.

> 이상한 일이지만 당시 빨치산들은 전통적으로 패잔 일본군의 전술 사상을 그대로 답습하고 있었다. 적의 전력을 까닭 없이 낮춰 보며 자기편의 정신력 우위, 야습과 돌격전에 대한 근거 없는 우세를 믿는 일본군대의 미신적 전통이 그대로 살아 있었음이 분명했다. 가령 전북 4중대 당시 최중대장이 20명의 무장병력으로 청웅에 들어온 2백 명의 군경부대를 몰아내려던 일 같은 것이 그 한 예이다. 정신력의 만능을 믿고 야습이나 돌격전이 자신들만의 전매특허처럼 생각했던 것이다.[71]

좀 더 과감히 말해보자면, 현재 북한의 이상한 독재체제도 일제의 유산이 아닌가 생각된다. 조선의 이씨 왕조와 일제의 천황을 이어 북한의 김씨 왕조가 들어선 것이다. 북한 사람들은 이렇듯 왕조를 벗어나 보지 못했으니 어떻게 저항해야 하는지 알지도 못할 것이다. 남한은 미군정이 들어와 자유민주주의를 이식하여 그것을 면했다고 주장들 하겠지만, 필자 생각에는 남한 정부가 무능하고 부패해서 시민들이 계속 저항할 수밖에 없었고 그 결과 오늘날 우리 사회가 굳건한 민주주의 사회가 되었다고 여겨진다. 참으로 역사의 아이러니인 것이다.

---

71) 이태(2003) 338~339, 384.

2) 처형으로서의 학살

처형으로서의 학살은, 군사작전이 진행되는 후방에서 아군을 보호하기 위해, 적과 내통했거나 적에게 도움을 주었거나 장차 줄 것으로 예상되는 사람들을 '사법적으로 처리'하는 과정에서 발생하는 학살이다.[72] 대체로 좌익에 의한 학살은 이러한 처형의 범주에 속했다. 따라서 좌익 입장에서 보면 사람을 죽인 경우 이는 '학살'이라기보다는 '사형'이라고 주장될 수도 있는 것이었다. 그리고 그 대상은 반동분자였다.

북한은 서울 점령 후 2만 4천여 명의 병력의 치안부대를 전 지역에 분산 배치하여 우익인사 즉 반동분자들을 색출했다. 대개는 인민위원회 위원과 치안대원이 함께 가택 및 은신처 수색을 통해 이들을 체포 구금했다. 반동분자의 색출에는 정치보위부를 중심으로 내무서와 인민위원회, 자위대(치안대), 민청원, 여맹원 등의 사회단체가 가세했다. 정치보위부는 가장 막강한 권력을 갖고 있었다. 정치보위부는 북에서 내려온 정규요원과 지방의 좌익 정보원으로 구성되었는데 출옥한 공산주의자 모임인 '인민의용대'도 경찰과 정보원의 역할을 하였다. 또한 서울시 임시인민위원회 아래 설치되었던 토지조사위원회도 그러한 역할을 수행했다.[73]

북한 측은 6월 30일 '정치범은 자수하라'는 포고문을 발표한 뒤 우익계의 내막을 잘 아는 사람들을 회유하여 가두 특수 정보망을 조직하고 요인들의 가택 수색을 실시했다. 7월 20일자『조선인민보』에는 다음과 같은 글이 실렸다.

---

72) 김동춘(2000) 209.
73) 김동춘(2000) 158.

소위 국회의원이란 이름으로… 매국 도당의 두목들은 지금 자수
하여 인민공화국 정부의 따뜻한 보호를 받고 있다… 그런데 아직까
지 시골 혹은 서울시에 피신하고 있는 사람들은 하루 빨리 자수하
여 자기의 죄과를 청산해야 할 것이다. 아직 자수하지 않은 자들의
연락 사무소는 서울시 다동 ○○그릴이며…

체포된 요인들은 두 차례에 걸쳐 북으로 납치되어 갔다.[74] 체포를
위해 5인조를 만들어, 반동분자를 재우거나 도와주면 내무기관에 연
락하도록 했으며 5인조 중 어느 한 사람이 이런 행위를 하면 연대 책
임을 지도록 하였다. 체포된 사람들은 일단 내무서에 넘겨져 심사를
받고 유치장 또는 중앙청 지하실 창고 등에 수감되었으며, 인민재판
을 통해 공개처형 되기도 하였다. 서울에서는 동숭동 서울대 문리대
교정, 서대문 송월동, 명동 국립극장 앞, 돈화문 앞, 명륜동 입구 등이
인민재판의 장으로 활용되었다.

남한점령지역 내의 정치적 숙청대상은 아래와 같다.[75]

친미분자	국회의원, 남한정부 관료, 도지사, 경찰서장, 악질 경찰, 판사, 검사, 우익단체 책임자 등
민족반역자	테러단체장, 악질 테러단원, 미국을 경제적으로 적극 원조한 자 등
친일분자	일제 총독부 책임자 및 도 책임자, 도평의원, 군(郡)급 책임자, 검사, 판사, 일제에 경제적으로 적극 원조한 자 등

74) 김남식(1984) 454.
75) 권영진(1990) 82.

친일경력자, 친미주의자, 지주나 부르주아로 분류된 사람들, 특히 노동자를 착취한 사람들이 가장 중요한 처벌대상이었다. 경찰관, 민보단원, 대한청년단원, 동회 직원이었던 사람들과 월남자들도 주요 처벌대상이었다. "국군장교와 판검사는 무조건 사형에 처한다, 면장 동장 반장 등은 인민재판에 부친다"라고 규정되었으므로 군인, 판검사, 경찰간부, 우익단체나 정당의 간부 등은 적으로 취급하여 처형되었다. 말단 관리나 중간적인 인물들은 조사하여 인민으로 편입할 사람과 그렇지 않은 사람을 구분하였고 이승만 정부에 반대한 사람은 인민으로 취급하자는 방침도 갖고 있었다. 또한 저명인사에 대해서는 대체로 예우를 해주고 재교양하려고 노력했다. 즉 처벌하기보다는 포섭하려 했다. 재산 소유 정도와 미국 유학 경력도 적을 판별하는 기준으로 작용했다. 미대사관에서 한국인 직원 서류를 남겨놓아 이들이 적발될 경우 미국인 밑에서 일했다는 이유로 무조건 처형됐다. 지식인은 소부르주아적인 중간계층으로 간주되어 멸시되었다.76)

노동당의 면당위원장, 인민위원장 및 사회단체장들이 반동규정 판정위원으로 참석한 가운데 사법권을 가진 위수사령관이 형량을 결정했다. 인민군 현역군인인 예심관이 각 지역의 내무서장을 지휘했다. 심문도 예심관이 직접 하여 위수사령관에게 보고한 것으로 보이는데 이 과정에서 주변 인물들이나 지방 주민들의 진정서 등을 참조했다. 북한정권에게 용납할 수 없는 죄악을 저지른 사람이 아닌 한 지방민의 평판이 예심관의 판단에 어느 정도 영향을 미칠 수 있었다. 반동규정 판정위원회에서 이러한 모든 사실을 논의하는 절차를 거쳤다. 일단 반동으로 판정받은 사람은 인민재판을 받거나 상부로 압송되어 수

76) 김동춘(2000) 157.

감되었으며 죄질이 나쁘다고 인정된 사람은 교화소[77]로 끌려갔다. 친
일·친미인사, 대한민국에 협력한 사람들에 대해 선거권, 피선거권을
박탈한 것은 가장 경미한 경우이며 이들에게는 주로 인민군에 입대해
자신의 죄를 씻을 것을 요구하였다.[78]

　우익인사들이 처형된 경우 대체로 일정한 죄목이 있었고, 그 죄는
주로 양민 특히 좌익을 투옥·살해하였다는 것이었다. 그 점은 처형
된 이들의 직업 중 경찰과 공무원이 가장 많다는 데서도 드러난다.[79]
안봉석 역시 10명의 좌익을 살해하고 공산주의와 스탈린을 악평하였
다는 죄로 체포되어 처형될 예정이었으나 간신히 살아남았다.[80] 청년
단 단장이었던 김동학은 군산경찰서를 습격한 좌익 3명을 사살했다
는 이유로 처형됐다.[81] 대체로 희생자는 여러 번의 심문을 거치고 본
인의 자술서를 쓴 다음에 학살되었다. 자술서를 쓰는 과정에서 구타
등 강제적으로 쓰게 하는 경우가 대부분이었기 때문에 그 과정이 정
당하다고 볼 수는 없다. 이갑산에 의하면, 체포된 모든 사람들은 반드
시 '양민을 투옥하고 학살했다'는 내용이 들어가게 자술서를 쓰도록
강요받았는데 한 수감자가 그런 일이 없다는 내용으로 자술서를 써내
자 심하게 구타당해서, 그것을 본 다른 수감자들은 모두 양민을 학살
했다는 허위 자술서를 썼다고 한다. 그때 다들 인민재판 때 항소해보
겠다는 생각을 갖고 허위로 썼다고 한다.[82]

77) 북한은 감옥을 교화소라고 표현했다. 당시 남한에서 감옥은 형무소로 불렸다.
78) 김동춘(2000) 158.
79) 목동 성당박해와순교사연구위원회(2007) 54, 57, 143.
80) 안봉석 "청취서,"(1951.5.7), "Summary of Information"(1950.10.1, Subject: Am,
　　Bong Suk), KWC 28B.
81) 반공애국지사유족회(2003) 158.
82) 우종창(2000) 272~273; 반공애국지사유족회(2003) 170~171.

그러나 끝까지 죄를 부인하는 경우 풀려나기도 했다. 공무원이었던
최익원은 "이승만 괴뢰정부에 충성하고 남조선 국록을 받아먹은 죄"
로 체포되었으나 끝까지 자술서를 쓰지 않아 결국 석방되었다. 자술
서를 쓰지 않는다고 여러 차례 맞긴 하였지만 결국 쓰지 않아서 풀려
난 것이다. 또한 여성 등을 포함하여 우익인사의 가족들도 모두 풀려
났다.[83] 즉 우익인사들을 아무 근거 없이 마구잡이로 죽이지는 않았
다는 것을 알 수 있다. 김세원의 경우 자신은 "분주소장에 때리지 말
고 조사하도록 부탁하면서, 인민공화국 내무서의 취조방식은 잔혹한
이승만 경찰의 고문 취조와 다르다는 것을 보여주어야 한다고 말했
다"고 했다.[84]

물론 처형과정이 합법적이라고 보기 어려운 경우도 많았다. 인민재
판이 그 대표적인 경우이다. 인민재판이 열리는 날에는 가구마다 한
명씩 참석하라는 명령이 떨어졌으며 이것을 거역하기는 거의 불가능
했다. 서울을 점령한 인민군은 피난가지 못한 경찰들을 체포하여 곧
바로 인민재판에 회부했으며 체포를 거부하는 경우 그 자리에서 살해
하기도 했다. 보도연맹 학살 사건 등으로 가족을 잃은 사람들은 경찰
과 우익인사에 대한 인민재판과 처형에서 더욱 적극적으로 앞장섰다.
전쟁 후 무법천지가 되면서 절차도 없이 마구잡이로 처형되는 경우도
많았다. 재판현장에서 동원된 주민들의 목소리 크기에 의해 생사가
결정되기도 했다. 따라서 이념적 기준이 아닌 평소의 인간관계, 원한
여부 등 사적인 요소에 의해 처형 여부가 결정되기도 했다. 북한 측
자료를 보면 농촌위원회에서 건달들이 위원으로 선출되었다는 자기

83) 목동 성당박해와순교사연구위원회(2007) 43, 54, 57, 80, 133; 김세원(1993) 80.
84) 김세원(1993) 80.

반성이 있기도 했다. 이러한 사람들이 사적인 이유로 사람들을 반동으로 몰기도 했다. 전남의 경우 어떤 지역에서는 인민재판이 전혀 실시되지 않은 경우도 많았다. 이는 재판의 절차를 생략한 총살과 학살이 만연했기 때문일 수도 있고 또는 인민위원회 책임자가 매우 온건했기 때문일 수도 있다. 북한은 인민재판에 대한 비판이 일자 7월 5일 군령으로 인민재판을 금지했다. 그러나 그 후에도 빨치산이나 후퇴하는 인민군들은 밀고자나 비협력자에 대해 수시로 인민재판을 실시했다.[85]

잔인하기로 잘 알려진 김팔봉에 대한 인민재판은 남로당 중구당의 상임집행위원에서 결정해 출판노조에서 집행된 경우이다. 그는 1950년 7월 1일 잡혀 형을 받았는데 이 시기는 아직 점령군에 의한 체계가 완전히 잡히지 않은 상황에서 원한에 의한 무차별적 학살이 일어난 시기이다. 당시 판사는 이영기 오프세트공사 공원이고 검사는 노동운이었다. 그가 남이 미리 써준 논고문을 읽는데 한자가 나오면 막혀 읽지 못할 정도로 무식한 사람이었다고 한다. 선고 후 김팔봉은 쇠꼬창이가 달린 몽둥이로 뒤통수를 맞고 계단을 끌려 내려갔고 이어 2킬로미터를 끌려 다녔다. 나중에 북한군 고위장교가 이를 보고 말리면서 시체(그는 죽은 것으로 판단되었다)를 내무서에 인계하라고 해서 중단되었다. 나중에 그가 깨어났을 때 인민서원이 "선생님, 정신이 드십니까? 나오십시오"했다고 한다. 이후 입원해 있으니까 8월 21일까지 내무서원이 두 번이나 찾아와 자수서를 쓰라고 했다. 전재홍의 경우도 7월 1일 자위대 청년이 끌고 가 같이 재판을 받고 같은 처참한 형을 당했다. 당시 인민재판의 판사 이영기는 이후 미해병사단 24연대

---

85) 김동춘(2000) 161.

의 노무자로 있다가 잡혔다. 즉 사회주의자로 보기 어려운 사람이었다. 전재홍은 그때 구타한 사람들이 "덩달아 날뛴 사람들이지 진짜 빨갱이는 아니라는 것을 잘 알고 있었"다고 한다.[86] 우익학살로 이름난 서종현은 목포출신 무학자로 불우한 가정환경에서 성장했으며 해방 후 직업적인 깡패로 정착했다. 그는 "평소에는 전혀 공산주의자 냄새를 풍기지 않았"으며, "공산주의가 무엇인지 잘 알 리도 없"는 사람이었다. 우익단체인 대한청년단에도 협력한 적이 있었다. 그러나 여순 사건이 나자 부하를 이끌고 여수인민재판소 소장을 맡아 우익계 인사의 학살로 가장 악명을 날리게 되었다.[87]

따라서 이를 보면 북한군 점령 초기 인민재판은 좌익인지 아닌지도 알 수 없는 자격 없는 사람에 의해 졸속으로 자행되었으며 이후 곧 북한군에 의해 중지되었다는 것을 알 수 있다. 김남식에 의하면 남한 각 주요도시에 7, 8명씩 당위원장 및 도인민위원장급의 당원으로 북에서 신망 있는 자를 뽑아 남파했다. 일부 군당위원장과 면당위원장까지 북로당원이 내려와서 맡았으며 내무서장은 모두 북에서 특별히 온 자들이었다고 한다.[88] 점령 후 체계가 잡힌 시기인 9월 13일 북한에서 파견된 부여군 검찰소 검사장 장시백은 충남 검사장 앞으로 공문을 보내 "남궁섭은 경찰과 직접 협력하여 애국자 10여 명을 학살케 했을 뿐만 아니라 악질 반역자로 군내 전체 인민이 그의 죄상을 모르는 사람이 없으며 초천면 내 유가족들이 자기들이 직접 처단했으면

---

86) 중앙일보사(1985b) 56~66.

87) 안재성(2011) 107; 이기봉(1992) 337.

88) 중앙일보사(1985b) 85~86. 당시는 군당위원장이 무학력일 정도로 지식인이 드물던 시절이었다. 고학력자는 출신성분 때문에 간부가 되기 어려웠다(안재성(2011) 107).

하는 격분을 가지고 있는 사실에 비추어 상기 범죄자를 현지공판하는
것이 적당하다고 내무서장 및 정치보위부장과 토의되었음을 보고"한
다면서 현지공판을 허락해달라고 청하고 있다.[89] 즉 인민군 지배가
정착되면서 처형은 일정한 절차를 거치는 등 원칙에 따라 시행되었음
을 알 수 있다.

그러나 처형의 형식을 빈 사실상의 대량학살이 인민군 및 좌익에
의해 1950년 9월 말 전국적으로 자행된다. 9월 15일 인천상륙작전으
로 인민군에게 전세가 불리해지자 노동당은 인민군 전선 사령부에 후
퇴명령을 내리는 한편 각 지방당에 '유엔군 상륙시 지주(支柱)가 되는
모든 요소를 제거'하라고 지시한다.[90] '지주가 되는 모든 요소'라 함은
유엔군에 도움이 될 사람들을 의미한다. 이때 군 포로들도 함께 희생
되었으며 당시 학살된 사람들 거의가 20~40대 남자라는 점이 이 같은
지시에 의한 것임을 증명한다.[91] 9월 20일 수감자에 대한 조치가 내
려지는데 그것은 이들을 북으로 후송하거나 후송이 곤란한 경우는 현
지에서 적당히 처단하라는 것이었다. 이러한 지시에 따라 각 지방에
서는 이들을 형무소 또는 산중에 끌고 가서 대부분 학살했다. 이에 전
국적으로 9월 학살의 84.6%가 9월 26일부터 30일 사이에 있었다.[92] 미

89) 박찬승(2010) 201.
90) 또한 노동당은 좌익 중 입산가능자는 입산시키고 기타 간부들은 남강원도까
지 후퇴케 할 것을 지시했다. 이에 각 도당위원회에서는 각 군당에 위의 내
용의 조치를 취하게 하는 한편 9월 28일을 전후하여 모든 조직들을 자기 도
내의 산악지대로 이동시켰다. 입산한 자들을 중심으로 여러 개의 유격대가
조직되었다. 유격대 편성에서는 지방민청원과 자위대원이 주가 되었으나 북
에서 파견된 내무서원, 정치보위부원, 정치공작대원, 후퇴하지 못한 인민군
이 끼어 있었다.
91) 목동 성당박해와순교사연구위원회(2007) 76; 우종창(2000) 278.
92) "Historical Report," RG 153 Records of the Office of the Judge Advocate General,

대사관 조사에 의하면 9월 17일에서 28일 사이에 서울에서 1만 명~2
만 명의 정치범들이 행방불명되었는데 이들은 서대문형무소와 마포
형무소에 수감되어 있다가 의정부와 춘천을 향해 이동한 것으로 판단
된다. 미대사관 직원과 해병대원들이 약 50명씩 그룹을 지어 매장되
어 있는 약 천 구 정도의 시체더미를 발굴하기도 했는데 이들은 정치
범들로 북으로 납북되어 가던 도중에 병이 들어 도보이동이 불편하거
나 이용가치가 없다고 여겨져 처형된 것으로 판단되었다. 또한 미대
사관 직원들은 경기도 양평의 한강 둑에서 9월 27일에서 30일 사이에
살해당한 정치범 시체 800구도 확인했다. 9월 30일 유엔한국위원회
조사단 1개 팀이 서울의 학살현장을 조사했는데 발견된 시체는 모두
정치범들로 서울이 탈환되자 북한군들이 이들을 마당에 집결시켜 총
살한 것으로 판단되었다. 대전을 조사한 사람들은 400여 명이 가매장
되어 있는 무덤을 발견했고 대전형무소에서 1,724명의 우익인사와 가
족이 수감되어 있다가 인민군 후퇴 시 모두 학살당한 것으로 판단했
다.93) 미군은 9월 28일부터 10월 4일 사이 약 5천~7천 명의 민간인, 17
명의 국군, 400여 명의 미군이 살해되었다고 밝혔다.94) 전주형무소에
서도 수백 명의 우익인사들이 학살됐다. 전남에서도 300명이 떼죽음
을 당했는데 무안에서는 퇴각하는 인민군이 주민 80명을 불에 태워죽
이기도 했으며 전남 임자도의 경우 전체 주민의 반 이상이 인민군과
지방 좌익에 의해 처형됐다.95)
　미군이 38선을 넘어 진격할 때 인민군이 북으로 후퇴하면서 북한에

　　War Crimes Division, Entry 182.

93) 그러나 사실상 대전에서는 우익인사 1,500명 정도가 학살 됐다.

94) 서용선(1995) 66; 중앙일보사(1985b) 96.

95) 김동춘(2000) 226~227.

서도 많은 학살이 일어났다. 전쟁 발발 후 북에서도 예비검속이 이루어져 정치보위부에서 성분조사를 진행했으며 미군이 압박해 들어오자 이들을 학살했다. 사람들을 새끼줄에 묶어 총살한 다음 시체를 차곡차곡 쌓았다. 평양에서는 감옥 우물에 밀어 넣거나 근방의 방공호에 끌고 가서 학살했다. 평양의 칠골리에서 약 2,500명, 승호리 근방의 사도리 뒷산에서 약 400명이 학살당했고, 기림 공동묘지터와 용산 공동묘지에서도 학살이 이루어졌다. 함흥에서는 함흥감옥에서 700명, 충령탑 지하실에서 200명, 정치보위부 3개처의 지하실에서 300명, 덕산 니켈광산에서 6,000명, 반룡산 방공굴에서 수천여 명이 학살당해 함흥에서만 모두 12,000여 명이 퇴각하는 북한군에 의해 학살당했다고 한다.[96]

그렇다면 인도주의자를 자처한 좌익들이 이렇게 학살을 자행하게 된 원인은 무엇일까. 이는 앞서 언급했듯이 인천상륙작전으로 인해 퇴로를 차단당하고 시간이 급해지자 포로들을 끌고 가지 못해서 일어난 것이라고 할 수 있다. 물론 이들을 살려두고 가는 것도 한 방법이지만 영화 〈명장〉에서 볼 수 있듯 앞으로 적군이 될 것이 뻔한 사람들을 살려두는 것도 쉽지 않은 선택이었을 것이다. 똑같은 이유로 한국의 군경 역시 후퇴하면서 좌익혐의자들을 모두 학살했던 것이다. 그렇다고 하더라도 이것이 좌익의 학살 행위에 대한 완전한 설명이 될 수는 없다.

좌익에 의한 대량학살은 '당'의 존재로 설명될 수 있다. 앞서 보았듯이 대량학살은 당의 명령에 의해 수행되었다. 공산주의에 있어서 당이란 자유주의 체제에서의 정당과 다른 위상을 갖는다. 당의 명령

---

96) 김동춘(2000) 227.

은 절대적으로 복종해야 한다. 이러한 '당'은 과거와는 다른, 레닌의 '새로운 유형의 당'으로 "20세기 사회공학이 낳은 강력한 혁신물"이었다. 그람시는 정당을 현대의 군주, 그것도 마키아벨리적 의미에서의 강력하고도 교활한 군주로 묘사한다. 그러한 큰 권력을 갖는 정당이 요구되는 것은 위기에 닥쳤을 때이다. 나라가 풍전등화의 위기 앞에 놓였을 때 필요한 것은 강한 통합이며 일사분란하고도 빠른 대처이다. 따라서 현대에 와서도 전쟁이나 전염병과 같은 위기 시에는 일시적으로 계엄령이 선포되는 것이다. 당과 같은 조직형태는 작은 조직들에게까지도 엄청난 효율성을 가져다주었다. 왜냐하면 당은 당원들에게 군대의 규율과 응집력보다 더한 정도로 헌신과 자기희생을 명령할 수 있었고, 어떠한 대가를 치르고라도 당의 결정을 수행하는 데에 전력을 기울이라고 명령할 수 있었기 때문이다.[97] 사회주의는 당이 군과 정권기관의 우위에 서는 체제로서, 노동당의 도당위원장은 다른 국가의 도당 책임자와 그 권위가 판이하게 달랐다. '도당 아바이'라는 애칭을 갖고 있었으며 일개 도의 수령으로 그 힘과 책임이 막강했다. 또한 도당위원장은 유격대 사령관을 겸하고 있어 생사여탈권을 쥐고 있었다. 이들은 거의 모두가 모스크바 유학 경력과 상당한 투쟁경력을 가진 엘리트였다.[98]

전 북한군 정치군관 대위 정하에 의하면, 무장군은 당의 엄중한 통제 하에서 운영되어야 한다는 것이 북한 공산주의 이론이었다고 한

---

97) 홉스봄(1997) 112. 또한 공교롭게도 레닌주의 모델은 특히 제3세계에서 실제로 전통적 엘리트 젊은이들에게 상당히 호소력 있는 것이었다. 진정한 프롤레타리아들을 승진시키려는 이러한 당들의 영웅적이고 비교적 성공을 거둔 노력에도 불구하고, 지나치게 많은 수의 엘리트 젊은이들이 입당했다(홉스봄(1997) 112).

98) 이태(2003) 304.

다. 따라서 정치군관 장교가 정치, 사상교양, 선동선전 등을 통해 모든 것을 감시하고 감독하는 권한과 임무를 가졌다. 이 제도는 소련 것을 그대로 모방한 것으로,[99] 정치군관은 군사지휘관의 독단행위를 막고 전투에 임할 때 철저한 감시 감독으로 당의 방침대로 지휘케 하자는 것이었다.[100] 즉 군사군관에 대해 정치군관이 우위를 점했으나 이들 간의 알력도 있었다. 당의 명령이라 거역할 수는 없지만 정치군관으로부터 받는 수모와 굴욕에도 한도가 있었기 때문이라고 한다.[101]

당성은 모든 비판의 기준이 됐다. 심지어 아픈 것도 당성의 문제로 삼았다. 병에 걸리는 것은 사상무장이 안되어 있기 때문이라고 비판받았다. 이를 이태는 "외기만 하면 총을 맞아도 죽지 않는다는 동학군의 삼칠주문"에 비유하기도 했다.[102] 실제로 그는 당의 초인적 힘을

---

99) 정치부는 정훈기관으로 문화부라는 명칭을 사용하다가 50년 말에 정치부로 개칭되었다. 정치부, 정치위원은 혁명기 소비에트 군대에서 비롯된 것이다. 투항한 제정 러시아군을 빨리 붉은 군대로 개편하기 위해 사상적으로 개조되지 않은 사병을 정치적으로 계도하고 독찰할 직책을 갖는 당원을 배치할 필요에서 비롯되었다. 모든 인사는 물론 작전명령까지 그 부대 정치위원의 승인이 없으면 효력을 갖지 못했다. 중국 공산군도 이 제도를 채택했다. 당이 군의 우위에 서는 체제하에서 정치위원(중국에서는 정치주임)은 당을 대표해서 그 부대를 통제했다. 주은래, 등소평 등 요직을 차지한 인물은 군대의 정치주임 출신이었다. 남한의 경우 군사부 지휘관은 남로당계인 데 반해 정치위원은 모두 '사회주의 교양'이 있다는 북로계가 차지했다(이태(2003) 395~396).

100) 홉스봄에 의하면 소비에트 권력은 일당독재로 반혁명세력에게 공포정치를 폄으로써 내전에서 승리했다. 당 자신이 당내 민주주의를 포기했다. 집단토론이 금지되었으며 당은 더 이상 당헌에 따라 움직이지 않게 되었다. 불관용이 실용적인 이유로 도입되었다. 유능한 장군이라면 그러하듯이 사병들 사이의 논쟁이 실천상의 효율성을 떨어뜨리는 것을 레닌은 원치 않았다. 당이 영도적 역할을 독점한다는 가정으로 인해 민주적 소비에트 체제가 불가능했다. 그러나 이것이 반드시 개인의 독재를 의미하는 것은 아니었다(홉스봄(1997) 533~536).

101) 중앙일보사(1985a) 173.

상기하며 "나는 강철의 빨치산이다. 나는 영예로운 조선노동당원이
다. 당성은 초인간적인 힘을 불러일으켜 준다. 그러니까 당원에겐 불
가능이 없다. 나는 당원이다. 나는 당원이다."라고 주문처럼 외웠다고
한다. 지도부는 혁명을 쟁취하자면 천 명, 만 명이 피를 토하고 죽어
도 눈 하나 깜짝 말아야 한다는 교시를 상기시키며 가족주의를 경계
하라고 했다고 한다. 그럼에도 불구하고 그는 "평소 당성이 가장 강한
것처럼 보였던 북로계의 거물급 정치부 간부들이 제일 먼저 투항 귀
순한 사실은 상당히 아이러니컬한 일"이며, "이에 비해 모두가 유격대
사령관을 겸하고 있던 도당 위원장 전부와 대부분이 남로계인 군사부
계 지휘자는 항쟁 끝에 산중에서 최후를 마친 사실"을 언급하면서 "공
산체제 하에서 득세한 이론가들의 허구성"을 지적했다.[103] 이는 "출세
주의자들의 가장된 충성의 실체"라는 것이었다. 반면 죽음을 무릅쓴
전투원의 정열은 사상, 이념이라기보다는 한, 감정, 복수의 집념으로
보인다고 그는 평가했다.[104] 즉 그는 죽음을 무릅쓴 투쟁이 사회주의
이념보다는 한이나 복수와 같은 개인 감정에 기초한다고 본 것이다.

3) 보복으로서의 학살

보복으로서의 학살은 사적인 보복의 형태로 비공식적이고 개인적
인 감정에 기초하여 학살이 행해지는 것을 의미한다.[105] 예를 들면

---

102) 이태(2003) 134.

103) 유격대 공작은 남로당계에서 독자적으로 했다. 10차에 걸친 계속적인 유격
대의 남파는 박헌영의 주도로 행해졌다고 한다. 그러나 이들이 너무 성공
하면 남로당 세력이 강해질 것이므로 김일성은 표면적인 지원만 해줬다는
평가가 있다(중앙일보사(1985a) 184).

104) 이태(2003) 232, 436~439.

105) 김동춘(2000) 209.

일제시대 밀대 노릇을 한 사람들이 해방 이후 마을 사람들로부터 보복을 당했는데 이들이 전쟁 때 다시 보복했다. 이때 좌우익은 이념보다 감정에 의해 갈라졌다.[106] 또 다른 예로서, 좌익은 국군보다도 경찰에 대해 더 증오심을 가졌는데 그 이유는 경찰이 주로 좌익 색출을 했기 때문이다. 즉 "6·25 전의 공비소탕과 매복간첩의 색출을 주로 경찰이 담당한 데 대한 앙갚음에서였다." 따라서 "한국경찰이 공산군에 포로가 된 예는 별로 없었다"고 한다. 왜냐하면 잡힌 경찰관들은 모두 총살됐기 때문이라는 것이다.[107]

한국전쟁 초기에 이러한 보복행위가 잦았다. 인민군 점령당국은 이러한 사적 폭력행위로 인해 고민했다.[108] 북한정권은 8월 11일 「남반부 해방 지역에 있어서의 당면한 검찰사업에 대하야」라는 공문을 보내 "민족반역자, 친일분자, 반동분자 또는 기타 악질 행위를 감행한 자라 할지라도 재판에 의하지 않고 테러 등 기타 방법으로 처벌하는 일이 없도록 감시할 것"을 지시했다. 8월 15일자 충남 검사장 임시대리 박운택이 각 시군 검찰소 검사장에게 내려 보낸 공문을 보면 각 지방에서 자연발생적으로 조직된 자위대 대원들이 "사소한 감정으로 인권을 함부로 유린하는 사실들이 지방에서 속출하고 있으므로 이에

---

106) 박찬승(2010) 283. 원한이 학살의 원인이듯이 보은이 학살을 면하게 하는 원인이 되기도 했다. 예를 들면 공덕을 베푼 사람의 경우 학살에서 면할 수 있었다. 합덕면 신리 박씨의 경우 신리 주민들이 좌익으로부터 박씨를 보호했는데 이는 박씨가 마을 주민에게 덕을 베풀었기 때문이었다(박찬승 (2010) 245).

107) 중앙일보사(1985a) 51.

108) 좌익 지도부도 사적 보복을 감행했다. 당시 좌익운동을 했던 이구영의 증언에 의하면 서울시 임시인민위원장이었던 이승엽이 후퇴 시 월북하지 않고 남아 있던 좌익들을 상당수 살해했다고 한다. 그는 간첩, 반동을 잡는다는 명분하에 실제로는 자신의 친일 경력을 알고 있는 사람들이나 자신을 반대했던 사람들을 살해했다고 한다(김동춘(2000) 231~232).

대하여 지방 내무서와 긴밀한 연락을 취하여 이를 철저히 단속할 것이며, 특히 자위대원들이 구타·수색·압수까지 하는 사실들이 있으므로 이러한 불법한 일이 발생치 않도록 할 것"을 지시했다. 또 공문은 "지방 정치보위부 및 내무서와 항상 긴밀한 연락을 취하여 내무서원들이 지방 인민들의 말에만 치중하여 죄 없는 자를 함부로 취급한다든가 극히 경미한 사건을 감정적으로 처리하여 인권을 유린하는 비법적인 일이 없도록 감시할 것"을 지시했다. 박운택은 8월 20일자로 각 시군 자위대원들의 테러 행위에 대한 단속을 지시하는 공문을 다시 내려 보냈는데, 공문에서 그는 "일부 지방 자위대원들이 자기들의 임무를 벗어나 리승만 괴뢰 통치시대와 같이 인민들에게 테러 감행을 일삼고 있는 사실을 도내 각처에서 볼 수 있다"면서 "따라서 각 시군 검사장은 이와 같은 테러 행위에 대한 감시를 철저히 함으로써 자기 관하에 이와 같은 비법적 사실들이 발생하지 않도록 보장할 것이며, 그 주모자를 처벌할 것"이라고 지시했다.[109]

남한지역에서 1950년 9월에는 「사형(私刑) 금지령」을, 12월에는 「사형금지법」을 통과시켰다. 북한 내무성은 내무서원들에게 "인권 존중과 구타, 신문 등의 비인간적인 악행을 금지할 것"을 교육했다. 그러나 숙청기준에 대한 포괄적인 기준은 정해졌지만 양형 기준은 제시되지 않아 구체적인 행위에 대한 판정은 하위조직인 면, 동, 리 인민위원회 등에 맡겨질 수밖에 없었다. 김일성도 "악질반동에 대해 복수하려는 것은 극히 정당한 일입니다"라고 하면서도 "아무런 법적 수속이나 심사도 없이 되는 대로 숙청한다면 심각한 과오입니다"라고 밝혔다.[110]

---

109) 박찬승(2010) 200~201.

　1951년 1월 5일 '적에게 일시 강점당하였던 지역에서의 반동단체에 가입하였던 자들을 처리함에 관하여'라는 군사위원회의 결정이 3개항으로 구성되어 채택되었다. 이 결정은 무차별적인 보복을 방지한다는 취지에서 출발했다. 반동분자에게는 공개재판을 통한 철저한 진압을 실시하고 피동자에게는 관대한 포섭이나 교양을 실시하도록 했다. 51년 1월 21일 김일성은 일시적 후퇴기에 반동단체에 가담한 자들에 대한 처벌 문제를 언급하면서 '숨어있는 자들이 자수하기를 기다리면서 그들과 투쟁하지 않는 경향'을 비판했다. 또한 먼저 자수운동을 진행하고 수색작업을 강화하여 악질 만행자라도 법적 수속 없이 처벌해서는 안 된다는 점을 강조했다. 처벌은 자수의 솔직성 정도에 따라서 하되 가짜 자수자는 군중심판이나 재판에 넘겨야 한다고 못 박았다.[111]

　김세원은 자신은 보복과 학살을 혐오했다고 하면서 "민족 양심과 사회주의 도덕의 우월성을 신념으로 싸워 왔다"고 했다. 그는 "간부들에게 보복 살해 행동을 엄금해야 한다고 지시"했는데, "동지들은 내 지시에 동의하면서도, 경찰이 퇴각하면서 보도연맹에 가입한 송화진 선생을 비롯한 수많은 애국자들을 학살한 데 대하여 몹시 분노하고 있었다"고 했다.[112] 즉 사적 학살의 경우 남한 정부의 보도연맹원 학살에 대한 보복인 경우가 많았다. 좌익 측의 사적 보복은 주로 1948년 이후 좌익활동이 불법화되면서 경찰들이 좌익들과 그 가족들에게 가한 폭력과 학살, 전쟁 직후 국민보도연맹원들을 경찰들이 검거하여 살해한 데 대한 복수심에 기초해있다. 경남 남해군 창선면에서는 경찰의 국민보도연맹원 학살에 대한 보복극으로 인민군 점령시 이 지역

---

110) 김동춘(2000) 229.
111) 김동춘(2000) 158.
112) 김세원(1993) 74~75.

치안대와 보도연맹 유가족 70여 명이 전직 경찰관과 우익단체원들을 살해했다.[113] 한국전쟁 발발 후 부여군에서 보도연맹원들이 낙화암에서 처형되자 인민군이 들어온 후 밀고자를 인민재판을 통해 사형시켰다. 당진에서 가장 많은 인명 피해가 있었던 지역은 합덕면으로, 우익은 250명, 좌익은 400명 정도 희생되었는데 학살의 첫 불씨는 보도연맹사건이었다. 진도의 경우 "보도연맹원의 처형과 경찰의 철수는 이후 X리에 피바람을 가져오는 원인이 되었다." 진도에서 여성과 아이를 포함한 경찰 가족 9명과 대한청년단 단원 및 그 가족이 지방좌익에 의해 체포되어 몽둥이로 맞고 희생되었다. 보복에 의한 학살일 경우 좌나 우를 막론하고 모두 당사자가 아닌 가족까지 학살 대상으로 삼는 것을 주저하지 않았다. 진도에서 인민군 후퇴 시 우익 가족 73명 집단 학살되었는데 "인민군은 직접 학살에 참여하지 않고, 대부분 이를 현지의 좌익 세력들에게 맡겼다. 이는 결과적으로 X리에 남은 '부역자' 가족에 대한 대량 보복으로 이어졌다."[114]

인민군들은 머슴과 산지기 등에게 감투를 씌워 그들을 이용하기도 했다. 이는 이념보다 이들의 감정을 이용하여 권력에 이용한 것이었다. 보복학살의 경우 주로 이들 지방좌익에 의해 행해졌는데 이들은 마을에서 가장 두려운 대상이었다. 이들은 사회주의 이념을 제대로 교육받아 이를 굳게 신봉했다기보다 원한 때문에 또는 권력을 즐기기 위해 좌익이 된 사람들이었다. 부여의 한 마을의 경우 원한 관계에 있는 우익의 두 집에 가서 물건을 약탈했는데 주로 머슴과 빈농층이 앞장섰다. 한국전쟁 당시 "평민층과 천민층 가운데 원한을 품고 있던 이

---

113) 김동춘(2000) 231.
114) 박찬승(2010) 106~115, 217~238.

들은 결정적인 기회가 왔다고 보고 양반층에 대한 공격에 나섰다." 또한 "인민군 치하에 가장 적극적으로 협력한 이들은 머슴 계층이었다." 그 이유는 1950년 한국정부의 농지개혁에는 소작농만 대상이었지 머슴에게는 땅을 분배한다는 조항이 없었는데, 인민군들이 토지개혁을 발표하면서 머슴에게도 땅을 나누어주겠다고 했기 때문이다.[115]

보복할 만한 상황이었으나 양반층에서 사회주의자가 나오는 경우 화를 피하기도 했다. 영암 구림마을의 경우 보수적인 양반동네로서 평민층 이하 주민들은 천시 당했는데 전쟁을 맞이하자 이에 대한 보복이 행해졌다. 영보마을의 경우도 양반들이 평민과 천민에게 차별대우를 했지만 1930년대 이후 사회주의자들이 마을에서 지도력을 장악하고 있었고 전쟁기에는 이 마을에서 인민위원장, 내무서장이 나오자 평민층이 양반에게 도전하지 못했다. 또한 양반 가문들끼리 결속력이 있었고 30년대 농민시위사건으로 마을사람들이 동지의식을 가졌으며 이 사건의 지도자가 지도력을 갖고 있던 것도 학살을 막을 수 있었던 원인이 되었다.[116] 따라서 오히려 사회주의 지도자가 양반층에서 나오고 지도력을 공고히 할 경우 학살이 일어나지 않았던 것이다. 반대로 서천군의 경우 세력을 가진 가문들끼리의 경쟁이 학살의 원인이 되기도 했다.

양반층이 좌익이 되는 경우, 이는 좌익 성향이 개인의 이념적 선택 또는 계급적 기반에 의한 것이기 보다 대체로 동족의 유력자가 어느 입장인가에 의해 결정되었다. 좌우익의 분화에서 "계급이나 이념보다는 혈연이 더욱 중요하게 작용했다. 즉 중요한 인물을 중심으로 가까

---

115) 박찬승(2010) 27~30, 202, 284.
116) 박찬승(2010) 169~170.

운 혈연끼리 뭉쳤던 것이다. 그리고 그러한 분화는 전쟁이라는 '광기
의 시대'를 만나 골육상쟁으로 이어졌다." 박찬승은 "한국전쟁기의 민
간 차원에서의 충돌을 주로 지주-소작인 간의 계급 갈등, 혹은 이념
충돌에서 빚어진 것으로 보는 것은 잘못된 것"이라고 하면서 "친족,
마을, 신분 간의 갈등이 더 중요하지 않았나 여겨진다"고 했다. 그는
좌익에 의한 학살이 계급투쟁이었다고 보기 어렵다고 본다. "브루스
커밍스를 비롯하여 많은 이들은 흔히 한국전쟁기에 가난한 소작농민
계급이 지주층을 상대로 계급투쟁을 벌였다고" 하는데 "이를 증명하
는 연구는 아직 찾아보기 어렵다"는 것이다.117) 홉스봄에 의하면, 대
중들의 생각은 때로 지도자의 생각과 충돌했다. 특히 적과 혁명에 대
한 인식이 달랐다. 지도자는 자본가가 주적이라고 했으나 대중들은
성직자를 공격했으며 그러한 것이 혁명이라고 생각했다. 1927~28년에
농촌 소비에트 구역을 세운 중국 공산주의자들은 한 씨족 지배촌을
획득하는 것이, 상호 연결된 씨족들에 기반 한 '적색촌' 망을 수립하는
데에 일조할 뿐만 아니라, 그 촌락들을 그와 비슷한 '흑색촌' 망을 형
성한 전통적인 적들과의 전쟁에 휘말리게 했다는 사실에 너무도 놀랐
다. 그들은 "몇몇 경우에 계급투쟁이 촌락들 사이의 싸움으로 변질되
었으며, 우리의 부대가 촌락 전체를 포위하고 파괴해야 했던 경우도
있었다"라고 한탄했다.118)

이태에 의하면 남한민중은 불만에 가득 차 있었고 정권을 인정하지
않았으나 대부분 공산주의자는 아니었고 더구나 폐쇄적인 공산사회
를 희구한 것은 아니었다. 많은 좌익 동조자들은 공산당에 대한 정확

---

117) 박찬승(2010) 56, 127, 222, 283.
118) 홉스봄(1997) 112~113, 119~120.

한 지식을 갖고 있지 못했다. 농촌 인심은 남의 것을 거저 내 것으로 하는 무상몰수·무상분배도 꺼림칙해 했다. 악질 지주도 있었겠지만 그것이 좌경세력을 만드는 원인이 된 것은 아니었다. 청년의 경우 고리타분하고 무능하고 탐욕적인 보수세력에 비해 진보세력의 신선하고 조직적인 모습에 끌렸다고 한다. 순 한글 간판, 귀에 설은 용어, 도장 대신 사인 사용, 남녀 간의 예사로운 악수 등도 신선한 인상을 주었다. 그러나 가장 중요한 원인은 빈곤에 대한 한, 괄시받음, 부조리에 대한 반발, 우익계의 횡포에 대한 분노가 원인이었다고 한다. 이승만을 반대하면 무조건 빨갱이라 하여 맞았는데 이로 인해 좌익 동조자가 되었다고 한다. 이들은 미소공동위 저해, 분단촉구세력이 우익이라고 생각했다. 또한 통일을 저해하는 세력은 현실변화를 바라지 않는 지주계급을 대표하는 친일 군상, 그 세력을 타고 있는 이승만 파라고 생각했다. 즉 남한의 좌익을 만들어낸 것은 공산당이 아니라 남한의 극우세력이었다는 것이다. 좌익의 대부분은 진짜 공산주의자는 아니었고 현실불만에 가득 찬 반정권세력이었다고 한다.[119] 홉스봄에 의하면 "공산주의는 대중의 개종에 기반 한 것이 아니라 간부들 또는 (레닌의 표현을 빌면) '전위'의 신념이었다." 또한 "여당으로서의 공산당들은 모두 자의로 그렇게 되었든, 정의상으로든 소수정예당이었다. 공산주의에 대한 '대중'의 동의는 자신들의 이데올로기적인 확신이나 그 밖의 확신에 달려있는 것이 아니라, 공산주의체제하에서의 삶이 자신들에게 이로운가 그리고 자신들의 상황이 다른 이들의 상황에 비해서 어떠한가에 대한 판단에 달려 있었다."[120]

---

119) 이태(2003) 79~81.
120) 홉스봄(1997) 679.

II. 서천등기소 학살사건*

    서천등기소 학살사건은 좌익에 의한 학살 사건 중 그 방법의 끔찍함으로 인해 잘 알려져 있는 사건이다. 1950년 9월 말 인민군은 후퇴하면서 약 250명의 우익인사들을 서천등기소 창고에 몰아넣고 태워 죽였는데 그 비극적 결말과 이후 이어진 보복으로 문학 작품 및 연극의 소재가 되기도 했다. 구인환의 소설 『기벌포의 전설』[1]의 내용 중에 "인천상륙작전으로 공산군이 후퇴해가면서 서천등기소에 불을 질러 3백 명이 학살될 때"라는 구절이 있다. 또한 오태석의 연극 〈자전거〉중에는 다음과 같은 대사가 나온다.

    그 등기소 건물에 반동분자라고, 이 군에서 이름 알려진 어른들 백스무일곱 분 갇혀 있었디야. 헌디 국군이 밀고 올라온 게 쫓겨가는 마당에, 막판에 다급한 게. 그 쳐죽일 놈들이 불싸질러 버렸디야. 그렇게 오늘밤 제사 지내는 집이 백가구가 넘느만.

---

* 이 장은 진실화해를위한과거사정리위원회 「2008 상반기 조사보고서」 중 "좌익에 의한 서천등기소 창고 집단희생사건"을 수정·보완한 것이다.
1) 구인환(2000).

위 대사는, 국군이 밀고 들어오자 다급해진 인민군이 127명의 우익
인사를 한꺼번에 불에 태워 죽여, 이후 백 가구 넘는 집안이 한날 한
시에 제사를 지낸다는 내용이다. 미군 문서인 KWC(Korea War Crimes)
32에도 1950년 9월 27일 후퇴중인 공산세력이 서천 감옥에 감금되어
있던 280명의 민간인을 태워 죽인 사건이 있었다고 쓰여 있으며, 필립
치너리(Philip D. Chinnery)는 그의 저서 *Korean Atrocity: Forgotten War
Crimes 1950-1953*에서 이 KWC 문서를 인용하여 이 사건을 서술하고
있다.

위 작품 및 기록을 보면 이 사건은 인민군이 인천상륙작전으로 인
해 다급하게 퇴각하면서 우익인사들을 학살한 사건임을 알 수 있다.
서천군 향토사학자 유승광에 의하면 1950년 9월 24일~26일에 미군이
상륙할 것을 예고하는 삐라가 서천 바로 아래에 있는 군산에 뿌려졌
으며 9월 27일 1시에 서천등기소 희생 사건이 발생했다.

서천등기소 사건은 다음의 이유에서 심도 있게 고찰할 필요가 있
다. 우선, 그 과정과 결말이, 좌익에 의한 대량학살사건의 전형을 보
여준다. 따라서 이 사건을 연구함으로써 좌익 사건의 일반적인 전개
과정과 특징을 알 수 있다. 둘째, 미군 문서를 포함하여 이 사건에 대
한 기존 기록들을 보면 희생 규모나 과정에 대해 다소간 차이를 보이
고 있으므로 정확한 사실을 알기 위해 면밀한 연구가 필요하다. 마지
막으로, 이 사건은 그 끔찍한 학살 방법으로 인해 주목받고 있지만
그 사건의 전개과정을 보면 좌익이 자발적으로 또는 살육에 미쳐서
그랬다기보다는 상부의 명령에 의해 어쩔 수 없이 행했다는 점이 드
러난다. 그 밖에도 가려져 있는 다른 요소들을 다시 볼 필요가 있다.
따라서 이 사건에 대한 재검토를 통해, 사건의 전개 과정 및 정확한

희생 규모뿐 아니라, 좌익에 의한 학살의 특징이 어떤 것인지 파악할
수 있다.

1. 관련 기록 및 증언

미군 자료인 G-2 Message File 913-1602, 2nd Inf. Division[2] 중 1950년
10월 2일과 3일자 문서에 서천 창고에서 280명이 공산주의자에 의해
불에 타 학살된 사실이 있다고 기록되어 있다. 또한 앞서 언급했듯이
이 사건은 무엇보다 KWC 문서에 자세히 다루어져 있다. 대표적인 한
국전쟁시기 전쟁범죄관련 자료인 KWC 문서는 미(美)전쟁범죄조사단
에 의해 기록된 것으로, 전쟁범죄조사단은 1950년 10월 극동사령부가
법무감 내에 구성하라고 8군에 지시하여 생긴 기관이다.[3] KWC 문서
에는 우익에 의한 전쟁범죄는 거의 없고 좌익에 의한 것이 대부분이
다. 또한 희생자 신원이 좌우익을 가릴 수 없는 상황에 대해 신중하게
고려하지 않고 조사한 것이므로 그 내용이 과장된 것도 많다. 서천등
기소 사건이 서술되어 있는 KWC 32[4] 문서는 비교적 참고할 만한 문
서이며 아래의 총 5개의 증거서류가 포함되어 있다.

---

2) RG 407, G-2 Message File 913-1602, 2nd Inf. Division 2~3 Oct. 1950. 이 자료는
   NARA에 소장되어 있다.

3) Chinnery(2000) 21.

4) 국립중앙도서관에 이미지 화일로 확인할 수 있는 KWC 32는 그 순서가 정렬
   되어 있지 않은데, 이는 미국국립문서기록보관청(NARA)이 소장하고 있는 원
   본의 낱장들이 순서대로 정리되어 있지 않기 때문이다. 또한 국립중앙도서
   관 검색 시에는 나타나지 않는 『피살자명부』의 절반이 원본에는 포함되어
   있다.

Exhibit A. 1950년 10월 5일자 미8군이 받은 무전 내용
Exhibit B. 1954년 3월 5일자 Order of Battle Check
Exhibit C. 1950년 10월 9일자 서천등기소 전쟁범죄조사보고서
Exhibit D. 1951년 5월 29일자 전쟁범죄조사보고서
Exhibit E. 1950년 10월 3~4일자 제2보병사단이 찍은 서천등기소
　　　　　및 시신 사진 8점

이 중 Exhibit C의 경우 서천주민 윤갑득, 경찰관 임완순, 엘리스(Burton F. Ellis) 대령의 진술서가 포함되어 있다. Exhibit D에는 서천경찰서가 1951년 5월 15일 작성한 「피살자명부」가 있는데 총 189명의 사망자가 등재되어 있다.5) 이 서류들의 내용은 목격자들의 진술과 비교해 볼 때 거의 정확하다고 판단된다. 또한 Exhibit E의 사진을 희생자 가족인 박귀자에게 보인 결과, 사진에 나타난 창고가 서천등기소 건물이라는 사실을 확인할 수 있었으며6) 창고의 크기를 통해 희생의 규모를 가늠할 수 있었다. 박귀자는 1950년 당시 11세였으며, 오빠 박준화의 시신을 찾기 위해 사건발생 이틀 후인 1950년 9월 29일 서천등기소 창고에 갔었다고 한다. 사진 중에는 불에 탄 시신들의 사진도 있는데 이 시신들을 보면 불에 탔어도 옷가지나 신체의 특징이 남아 있어 가족들이 이를 보고 희생자의 신원을 확인했을 것이라고 추측할 수 있다.

둘째, 이 사건의 가해자로 알려진 구재극에 대한 대전지법의 판결문, 「대전지방법원형사부 1952.4.8 선고 형공 제2980호 판결 (피고인 구재극 외 4명)」(이하 판결문)이 있는데 이 문헌을 통해서는 주로 가

5) 「6·25사변 피살자명부」는 서천군에서 224명, 서천등기소에서 1명 사망한 것으로 기록되어 있다.
6) 박귀자 면담(2007.8.8).

해자와 관련된 사실을 알 수 있다. 이 판결문에는 구재극이 1950년 9월 27일 오후 5시경 철수지령을 받고 내무서장실에서 이병제, 장한성, 이구몽 등과 모여 체포·감금한 우익인사들을 소살(燒殺)할 것을 모의한 후 정치보위부로 하여금 같은 날 오후 12시경 서천등기소 내에 휘발유를 살포·점화하여 전원을 소살하도록 했다고 기록되어 있다.

셋째, 『서천신문』은 2007년 3월 5일부터 4월 2일에 걸쳐 서천등기소 사건 생환자인 송정길, 나상우, 현재철의 진술을 기획 보도한 바 있다. 나상우는 수감되어 있다가 학살장소로 가는 도중에 탈출하여 구사일생으로 살아났으며 현재철도 수감되었다가 학살 직전 풀려났다. 송정길은 사건 당시 등기소가 있는 서천읍 군사리에 살고 있었는데 학살이 있었던 날 새벽에 굉음과 함께 불길이 치솟는 것을 보았다고 했다.

필자는 또한 희생자 가족, 목격자, 마을주민 등 총 117명을 위원회 동료들과 함께 면담하였다. 그 중 주요 인물은 앞서 언급한 생환자 나상우, 내무서에 수감되었던 현재철, 또한 당시 인민군 편에서 서천내무서 보초 일을 맡았던 K[7]가 있다. 나상우는 사건현장을 탈출한 사람 중 현재 유일하게 생존해 있는 인물이다. 그는 당시 39세로 대한청년단 마서면단장을 했으며 서천내무서에서 등기소로 이송되던 중 탈출하였다.[8] 현재철은 당시 23세로 장항농업고등학교 6학년이었는데 아버지가 반공주의자라는 이유로 서천내무서에 끌려가 수감되었다가 등기소 학살 직전 풀려났다.[9] K는 당시 21세로 서천내무서 보초를 섰

7) 본인의 명예를 위해 실명은 밝히지 않도록 한다.
8) 「나상우 진술조서」 1쪽.
9) 「현재철 진술조서」 1~4쪽; 『서천신문』 2007년 4월 9일.

으므로 가해자 측에 속했다고 할 수 있다. 그러나 본인 설명으로는 강
제로 북한 측 의용군이 되었기 때문에 그 일을 한 것이라고 하며 또
한 수복 후 국군에 입대하여 그 전력이 불문에 붙여졌다.

기존 자료에 드러나지 않은 서천군의 지역적·문화적 특성 및 역사
적 배경을 알기 위해 향토사학자인 서천군향토문화연구회 기획실장
유승광[10]을 면담하였다. 그에 의하면, 서천 지역의 좌우익 갈등은 소
작인과 지주, 어민과 선주간의 신분적 갈등이 좌우익 갈등으로 전환
된 것이라고 할 수 있다. 즉 빈부의 갈등이 좌우갈등으로 이어진 것인
데 그것을 나타내주는 서천 지역의 전설이 있다. '개구리 바위' 전설이
다. 아래의 글은 앞서 소개한 구인환의 소설 『기벌포의 전설』의 일부
로서 개구리 바위와 추부자에 대한 이야기가 포함되어 있다.[11]

> 개구리 바위에는 만석꾼을 지낸 추씨의 사연이 전해져오고 있다.
> 개구리 바위는 추씨와 얽힌 전설을 간직하고 있는, 제련소 옆에 서
> 있는 바위이다. 개구리 바위에서 오리 쯤 떨어진 솔리의 추씨가 개
> 구리 바위 때문에 아주 번성하면서 잘 살았다는데, 어느 해 봄부터
> 가뭄이 계속되어 동네의 우물이 다 마르게 되었다. 그런데 추씨 집
> 우물만은 마르지 않아 이웃에서 많은 사람이 와서 물을 길어 갔다.
> 아낙들이 한참 물을 긷고 있는데 추씨가 나와 우리는 어떻게 살라
> 고 다 길어 가느냐며 아낙네들이 기른 물을 도로 우물에 쏟아 부었
> 다. 아낙네들을 어디로 가서 물을 길러야 할지 난감했다. 분함과 억
> 울함으로 분통이 터졌다. 그때 먹구름이 몰려와 소나기를 퍼부으며

---

10) 그의 대표적 논문으로는 "서천지역 백제산성 연구", "서천지역 동학농민전
쟁", "서천지역 고인돌 조사보고"가 있고 저서로는 『서천의 민속(동제)』, 『서
천의 민속(세시풍속)』, 『문화유적총람』 2집, 3집, 『서천문화유산 답사기』,
『서천, 서천사람들』이 있다.

11) 구인환(2000) 366~367.

번갯불이 번쩍거렸다. 사람들은 엎드려 피하면서도 비가 오는 기쁨
에 넘쳤다. 그 요란한 번갯불에 추씨가 가장 귀하게 여기는 개구리
바위가 두 쪽이 났다. 그 뒤부터 추씨의 몰락이 시작되었다. 만석꾼
부자가 하루 아침에 무너져 간 것이었다.

　　토지 개혁으로 나중에는 몇 푼 안 되는 채권을 받았으나 6·25
전쟁이 터져 휴지조각이 되고, 인천 상륙 작전으로 공산군이 후퇴
해 가면서 서천 등기소에 불을 질러 3백 명이 학살될 때 추씨와 일
본대학을 나온 큰 아들까지 부자가 한꺼번에 학살당하여 하루 아침
에 만석꾼의 재산이 날아가 버렸다. 부자는 망해도 삼 년 먹고 살
고, 일어서는 집은 삼 년이 지나도 이가 서 말이라고 했다. 머슴은
일어서는 집보다 기울어지는 집에 살아야 한다고 했는데, 기울어지
는 부자는 살던 품이 있어서 옛날과 같이 살지만, 일어서는 집은 아
끼고 검소하게 살아 풍성하지 않고 얻어먹을 것이 없다. 그런데 추
씨는 그렇게 살아보지도 못하고 갑자기 기둥이 무너지고 집이 무너
져 식구들이 환난을 겪게 된 것이다.

　　필자는 위 전설의 주인공 추씨의 손자 추한표를 만나 면담하였다.
얘기를 들어보니 집안이 그렇게까지 망하지는 않아 현재도 만 평 정
도 농사를 짓는다고 했다. 추한표의 조부인 희생자 추교영은 고조부
에게서 2천 석 받아 만석을 채워 만석꾼이 되었다고 한다. 당시 '조
선사람으로는 서천에서 최고부자'였다고 한다. 그런데 금전적으로 원
한 있는 사람과 공산주의 사상을 가진 사람이 신고해서 잡혀갔다고
했다. 그의 아들 추건호는 소설에 나온 대로 일본 유학까지 다녀온 인
재인데 혈기왕성하고 낙천적인 성격이라 피난가지 않고 있다가 잡혀
가 화를 당했다. 대동청년단 활동을 했다고 한다. 이 부자는 희생 직
전 보초가 빼주려고 해서 살 수도 있었는데, 나오라고 그 이름을 부를

때 다른 사람이 재빨리 대신 나가는 바람에 끝내 화를 당했다. 구인환은 소설을 통해 그 이후를 다음과 같이 알리고 있다.[12]

> 전쟁이 터지고 인민군이 서천군을 점령하자 솔리 사람들이 추부자와 그 식솔들을 학대하고 살상했고, 수복이 되자 이번에는 추부자의 식솔들이 반대로 그들을 부역자로 몰아붙여 눈뜨고 볼 수 없는 살상이 양쪽에서 벌어져 지금껏 원한이 가시질 않고 있다. 비단 그것은 솔리의 경우만이 아니요, 한산이니 방방곡곡에 남아 있는 비극적인 전쟁의 상처들이다.

몇 사람들 말에 의하면 수복 후 잡힌 좌익들은 등기소 학살처럼 산 채로 불에 태워져 죽임을 당했다. 유승광에 의하면 서천등기소 사건은 현재의 마을주민들이 관련되어 있어 우익이건 좌익이건 주민들은 이 사건에 대한 언급을 꺼린다고 한다. 예를 들면 주민들 중에는 좌익활동을 하다가 국군에 입대해서 장교까지 지낸 사람들이 있기 때문에 대체로 당시 상황에 대해 언급하지 않으려고 한다는 것이다.

2. 서천의 상황

서천은 충남의 최남단, 금강과 서해가 만나는 끝에 위치하고 있으며, 동으로 논산, 서로는 서해, 남으로 군산, 북으로 부여 및 보령과 접해 있다. 바다를 접하고 있는 지역에서는 어업이 주업이나 경제는 주로 논농사에 의존하고 있다. 이 지역 주민들은 예로부터 서해안과 금강 연안의 넓은 갯벌을 간척하여 논농사를 발전시켰다. 피해자 중

---

12) 구인환(2000) 382.

에 어부는 없었으며 대부분 농업에 종사하였고 중산층 이상이었다.

피해자 중에는 특히 대한청년단원이 많은데, 서천지역에서는 다른 지역과 마찬가지로 대한청년단 조직이 면단위로 조직되어 있었다.[13] 대한청년단(한청)은 1948년 12월 19일 기존 우익청년단체들이 통합되어 결성된 단체이다. 이승만은 이 한청조직을 청년방위대로 전환하도록 지시하여 1949년 11월 초 청년방위대가 창설된다. 청년방위대의 부대편성과 조직은 1950년 4월에 어느 정도 끝나게 되어 6월에 본격적인 훈련에 들어갔으나 한국전쟁의 발발로 대원들은 충분한 훈련을 받지 못한 채 분산되어 청년방위대는 기능을 거의 할 수 없었다.[14] 유족들의 주장에 의하면 피해자 중 많은 수가 한청단 및 방위대의 간부 또는 단원으로, 전쟁 전 죽창을 들고 훈련하였다고 한다. 배속장교 또는 보병학교 및 온양 훈련학교에서 교육을 받은 간부들, 기타 청년단체 간부 등도 다수였다.[15] 이러한 한청단 활동이 학살의 주된 이유로 제시되었다.

한국전쟁이 발발한 후 7월 18일 아침 인민군 제6사단 제13연대[16]은 별다른 저항이 없는 가운데 서천을 점령했다.[17] 제6사단은 중공군 제

---

13) 유승광 면담(2007.8.28).

14) 김행선(2004), 508~520.

15) 「박홍순 진술조서」 2쪽; 「김병두 진술조서」 2쪽; 「이인복 진술조서」 2쪽; 「김동익 진술조서」 2쪽; 「서기석 진술조서」3쪽; 「신동진 진술조서」 2쪽; 「오용기 진술조서」 2~3쪽; 「임종호 진술조서」 2쪽; 「조정순 진술조서」 2~3쪽; 「김경환 진술조서」 2쪽; 「최성진 진술조서」 2쪽; 「추한표 진술조서(마-6350)」 3쪽; 「한면수 진술조서」 2쪽; 「강동철 진술조서」 2쪽; 「구영완 진술조서」 3쪽; 「김종환 진술조서」 2쪽; 「김준기 진술조서」 2쪽; 「오문숙 진술조서」 2쪽; 「유병남 진술조서」 3쪽.

16) 6사단장은 방호산 소장이며 13연대장은 한일래 대좌였다. 김중생,『조선의용군의 밀입북과 6·25전쟁』, 명치출판사, 2000, 174~176; 최용호(2002) 74에서 재인용; 국방부군사편찬연구소(2005) 115.

166사단 소속 동북의용군 출신 1만 명으로 편성되었으며 제 13, 14, 15 연대 및 포병연대로 구성되어 있다.[18] 서천지역을 점령한 13연대는 주로 종천면 도만리, 마서면 남전리 백사마을, 장항읍 장암리, 서천 남산, 비인 월명산에 주둔하였다.[19] 군산과 장항에 유엔군의 비행기 가 매일 폭격을 하고 마서면 쪽 바다에 아군의 군함이 초계해 있었 다.[20] 인민군들은 주로 바닷가나 강가에 주둔했다. 즉 마서면 중에서 는 월포리, 남전리 백사마을, 죽산리 등 주로 바닷가에 있었으며,[21] 화양면의 경우 와초리, 완포리 등 주로 강가를 점령하고 있었다. 이곳 에 주둔하던 인민군들은 곧바로 와초리 앞에서 큰 고깃배를 타고 금 강을 건너 전라도로 넘어갔으며[22] 이리-김제-목포 방향으로 진출 하였다.[23] 이후 서천은 치안여단, 군정부대가 행정조치하였고 내무성 에 점령지역을 인계하였다.[24]

당시 서천에서는 청년단체나 방위군이 활동하고 있지 않았고 경찰 을 비롯한 공공기관 근무자들과 지역유지들이 대부분 피난 간 상태여 서 인민군은 무혈입성하였다. 대부분의 주민들은 T-34 탱크소리에 놀 라 숨었다고 한다. 인민군 점령 전 서천군수 이만근은 군청의 확성기 를 통해 공무원과 군민들에게 피난하라고 알린 후 보령 군수, 내무과 장, 산업과장을 비롯한 직원들과 함께 군산에서 남원을 향해 가던 중

17) 블라지미르 니꼴라예비치 라주바예프(2001) 203.
18) 최용호(2002) 73~74. 6사단은 7월 19일 금강을 도하하였다(최용호(2002) 87).
19) 유승광(1998) 218.
20) 충남 향토사단(1982) 228.
21) 2007년 3월 19일 나상우 진술(서천신문사 제공 영상자료).
22) 「이병문 진술조서」 4쪽.
23) 최용호(2002) 87~88.
24) 서용선(1995) 20, 59.

전북 임실군 관촌면 슬치 고개에서 적의 검문에 체포되어 피살되었
다.25)

인민군이 점령하자 지하에서 좌익활동을 하던 사람이 표면에 나타
나 주도권을 잡아 인민위원회, 내무서 등을 세웠다.26) 특히 좌익이 비
교적 강했던 기산면, 문산면, 서천읍, 시초면, 화양면 등에서27) 인민
위원회가 일찍 생겼다. 화양면의 경우 인민위원회는 인민군이 들어오
기 전에 생겼으며28) 서천읍과 시초면의 인민위원회는 인민군이 온 후
바로 생겼다.29) 이러한 인민위원회가 전국 도처에서 생기자 북한정권
은 이를 합법화할 필요를 느끼고 선거를 통해 합법화 작업을 주도하
였다.30)

전국적으로 도를 제외한 군, 면, 리(동)에서 각각 인민위원회를 구
성하기 위한 선거를 1950년 7월 15일부터 9월 13일까지 실시하였는데
충청남북도에서도 8월 10일부터 선거가 실시되었다.31) 이 선거에서
북한에서 파견된 공작원들이 상당수 당선되었으며 이들은 실권이 있
는 인민위원회 서기장직을 맡거나 부위원장직을 맡았다. 따라서 위원
장은 그 지방출신이 맡았고, 서기장 또는 부위원장은 북로당계 출신

25) 유승광(1998) 218~219; 충남 향토사단(1982) 137~140.
26) 「현재철 진술조서」 2~3쪽.
27) 「김윤겸 진술조서」 7쪽; 「이종은 진술조서」 2쪽; 「이병문 진술조서」 5쪽; 「이
    충희 진술조서」 5쪽; 「김정수 진술조서」 2쪽; 유승광 면담(2007.8.28).
28) 「신항 진술조서」 5쪽. 신항에 의하면 화양면에서 인민위원회는 1950년 6월 25
    일 전쟁 발발 후 인민군 점령 전에 만들어졌다.
29) 「김동익 진술조서」 5쪽; 「이희만 진술조서」 5쪽.
30) 서용선(1995) 25.
31) "10일부터는 계속하여 충청남도와 충청북도에서 각급인민위원회 선거가 일
    제히 개시되었다." 『민주조선』(1950.8.13) 「충남 충북도 각급인민위원회 선거
    개시」.

이 맡았다.[32] 서천 주민들 역시 대부분 자기 지역 출신인 위원장의 이름은 기억하고 있었으나 서기장 또는 부위원장을 기억하고 있는 경우는 드물었다.

전쟁기간 중 서천군의 좌우 갈등은 마을에 따라 차이를 보인다. 예를 들면 서면, 종천면, 한산면 등의 마을에서는 전쟁 전후로도 크게 갈등이 없었으며[33] 서면 신합리에서 선출된 인민위원장은 어쩔 수 없이 그 직위를 떠맡았다고 한다.[34] 좌익이 강했던 시초면과 화양면의 경우 빈부격차가 다소 심했던 지역이며[35] 문산면은 다 같이 가난했다고 한다.[36] 인민위원회 등 좌익들의 주된 활동은 방공호를 파게 하는 등 강제 노역을 주도하는 것이었고 김일성 사상 교양강좌나 노래를 가르치는 등 선전활동에 주력하였다. 가장 두드러진 활동으로는 의용군 지원 모집 활동이었다.[37]

3. 체포 과정 및 이유

1950년 6월 30일 내무성의 명령에 따라 서울시 인민위원회는, 과거 북한에 적대되는 행동을 한 자로서 자신의 과오를 뉘우치고 북한의

---

32) 김남식(1984) 448~449.

33) 「이충희 진술조서」 5쪽; 「나병준 진술조서」 8쪽; 「강규석 진술조서」 5쪽; 「조무성 진술조서」 6쪽.

34) 「조동순 진술조서」 3쪽.

35) 「박성길 진술조서」 5쪽; 「이병문 진술조서」 6쪽.

36) 「신규철 진술조서」 7쪽.

37) 「임종호 진술조서」 5쪽; 「강규석 진술조서」 6쪽; 「이상열 진술조서」 4~5쪽; 「이병문 진술조서」 4쪽; 2007년 3월 19일 나상우 진술(서천신문사 제공 영상자료).

정책을 지지하며 조국 통일에 헌신하려는 자는 자수하라고 하는 「고시 6호」를 공포하였다.[38] 이러한 포고문이 전국적으로 발표된 뒤 정치보위부와 내무서는 우익계의 내막을 잘 아는 사람들을 회유하여 가두 특수 정보망을 조직하고 요인들의 가택 수색을 실시하였다.[39] 서천에서도 인민군 점령 후 자수 권유에 의해 우익인사들이 분주소, 내무서 등에 자수를 했다.[40] 이들은 자수를 하면 살 수 있을 줄 알았으나 결국은 모두 희생되었다고 한다. 주민들의 진술에 의하면 서천에서는 자수를 한 사람들이 다 희생되었으며 자수를 안 했으면 살 수도 있었다고 한다.[41] 그러나 인천상륙작전으로 인해 인민군이 급히 후퇴하는 상황이 아니었으면 결과가 달라졌을 수도 있다. 예를 들어 다른 지역의 경우 초기에 포로가 된 군인은 서울과 평양으로 이송되었으며 납북이나 학살된 것으로 추정된 사람이 북한에서 현재 살고 있는 경우도 있다. 또한 수감자 중에 끝까지 죄를 인정하지 않은 사람은 풀려나기도 했다.

서천지역에서의 우익인사의 체포 및 수감은 세 가지 유형으로 나누어 볼 수 있다. 첫째는 단순 체포·수감의 경우, 둘째로는 체포하여 고문한 경우, 세 번째로는 대전형무소 이송의 경우이다.

38) 『해방일보』 1950년 7월 3일; 『조선인민보』 1950년 7월 4일; 박명림(2002) 244에서 재인용.

39) 국사편찬위원회(1990), 「반동분자 처단과 재산처리에 관하여」545; 김동춘(2000) 156에서 재인용.

40) 「이인복 진술조서」 4쪽; 2007년 3월 19일 나상우 진술(서천신문사 제공 영상자료).

41) 2007년 3월 19일 나상우 진술(서천신문사 제공 영상자료); 「조동순 진술조서」 2쪽; 김종석 면담(2007.12.12).

첫째, 단순 체포·수감의 경우 대부분 다음의 과정을 거쳤다.[42]

1단계: 9월 중순경 체포하거나 조사할 것이 있다고 하여 우익인사들을 분주소(파출소에 해당) 내지 내무서(경찰서에 해당)로 데려가 수감하였다. 이들은 그곳에서 자술서를 무수히 썼다고 한다.[43] 그리고 며칠 지나서 풀어주었다. 정치보위부로 끌려간 사람들도 있었는데 이들은 대체로 사상범과 정치범으로 분류되는 경우였다. 정치보위부는 서천군 수리조합 창고에 위치했다.[44]

2단계: 9월 25일경 풀어준 이들을 다시 체포하여 분주소, 내무서, 정치보위부에 분산 수용시켜 이틀을 굶긴 채 수감하였다.[45]

3단계: 9월 26일 밤 수감자들을 서천등기소로 끌고 가서 27일 새벽에 학살했다.

둘째, 수감하여 고문한 경우는 위와 유사한 과정을 거쳤으나 대체로 7월 정도로 일찍 수감되어 9월까지 갇혀 있다가 희생된 경우가 많았다. 고문의 방법은 주로 구타였다. 이 경우의 피해자들은 공산주의를 비판한 경우, 반공활동과 관련된 모의를 한 경우, 태극기를 제작하거나 보관하다 발각된 경우, 아군 함대에 연락을 시도한 경우 등으로,

---

42) 「유병남 진술조서」 4쪽; 「김재명 진술조서」 2쪽; 「조정순 진술조서」 2쪽; 「전영진 진술조서」 2쪽; 「추한표 진술조서(마-6349)」 2쪽; 「추한표 진술조서(마-6350)」 3쪽; 「강동철 진술조서」 2쪽; 「현재철 진술조서」 3~4쪽; 「이인복 진술조서」 3쪽; 「이희만 진술조서」 2쪽; 「오문숙 진술조서」 2쪽; 「김길환 진술조서」 2쪽; 「한면수 진술조서」 2쪽; 「이상진 진술조서」 2~3쪽; 「조정금 진술조서」 2쪽; 「신동진 진술조서」 3쪽.

43) 충남 향토사단(1982) 228.

44) 2007년 3월 19일 나상우 진술(서천신문사 제공 영상자료).

45) 『대전일보』(2000.6.30); 유승광(1998) 221.

적극적 반공활동을 한 경우였다.[46]

셋째, 대전형무소로 이송한 경우가 있다. 서천내무서에서 예비검속한 사람 50명은 8월 20일 밤 트럭에 실려 대전형무소로 보내졌다.[47] 한번에가 아니라 트럭으로 제1진, 제2진 등으로 나뉘어 이송되었다고 한다.[48] 대전형무소 희생자 명부인『피화애국지사명록(被禍愛國志士名錄)』에 의하면 서천에서 총 143명이 대전형무소에서 학살되었다.[49] 대전으로 보내져 희생된 사람들은 주로 사회적 지위가 높거나[50] 우익 성향이 강하다고 판단된 경우였다.[51] 그러나 그러한 사람들도 뒤늦게 잡혀 미처 대전으로 못 보낸 경우에는 서천등기소에서 희생되었다.[52]

이들이 체포되어 죽임을 당한 이유는 크게 두 가지, 즉 '우익 신분' 과 '반공 활동'으로 나눌 수 있다.

첫째, 우익 신분 즉 군인, 경찰, 대한청년단원일 경우 체포되어 희생되었다. 앞서 언급했듯이 북한은 남한 점령 후 "국군장교와 판검사는 무조건 사형에 처한다", "면장, 동장, 반장 등은 인민재판에 부친다" 라고 규정하여 '반동분자'들을 체포·처형하였다.[53] 그리하여 군인,

---

46) 「이종은 진술조서」 2~3쪽; 「송봉호 진술조서」 3쪽; 「박귀자 진술조서」 2~3 쪽; 「박성열 진술조서」 2쪽.

47) 「김윤겸 진술조서」 4쪽.

48) 「나병준 진술조서」 4쪽. 나병준에 의하면 서천내무서 수감자 밥을 주문하는 밥집의 주문이 줄어드는 것으로 사람들이 대전형무소로 이송되는 것을 알았다고 한다. 또한 신규철에 의하면 판교 고개에서도 인민군의 트럭에 실려 많은 판교사람들이 이송되었다. 「신규철 진술조서」 3쪽.

49) 이 명부는 1952년 충남도청에서 만든 것이다. 반공애국지사유족회(2003) 280~285.

50) 2007년 3월 19일 나상우 진술(서천신문사 제공 영상자료); 「박충순 진술조서」 4쪽.

51) 「현재철 진술조서」 5쪽; 「이종은 진술조서」 8쪽.

52) 「나병준 진술조서」 4쪽.

판검사, 경찰 간부, 우익단체나 정당의 간부 등을 적으로 취급하여 처형하고, 말단 관리나 중간적인 인물들을 면밀하게 검사하여 인민으로 편입할 사람과 그렇지 않은 사람을 구분하였다. 또한 이승만 정부에 대한 찬반 여부, 재산 소유 정도, 미국 유학의 경력도 적을 판별하는 기준으로 작용하였다.[54] 서천지역의 경우도 피해자들이 경찰, 군인, 대한청년단원 등 우익·반공 인사로 지목되었기 때문에 체포되었다. 군사리에 살던 지방좌익 김모씨는 사진을 가지고 대한청년단 활동을 하던 사람을 찾아 다녔다고 한다.[55]

이들이 1950년 9월 27일 대량희생된 것은 9월 15일 인천상륙작전의 개시와 더불어 인민군에게 전세가 불리해지자 노동당이 인민군 전선사령부에 후퇴명령을 내리면서 각 지방당에 내린 '유엔군 상륙 시 지주(支柱)가 되는 모든 요소를 제거'하라는 지시로 인한 것이다.[56] 안용현에 의하면 전선사령관 김책 대장은 1950년 9월 20일 '유엔군과 국방군에 협력한 자와 그 가족은 전원 살해하라'는 명령을 하달하였다고 한다.[57] 그러나 서천지역의 경우 아군 협조자의 가족이란 이유만으로 학살된 경우는 매우 드물었다. 또한 여성이 피살자에 포함되어 있지 않았다. 다른 지역도, 적어도 인민군의 통제 하에 있었던 경우에는, 우익의 가족이란 이유만으로 학살되지는 않았다. 따라서 서천에서 경찰, 군인, 대한청년단원 등 우익·반공 인사들이 희생된 것은 이들이 국방군에 협력한 자들이며 '유엔군 상륙시 지주'가 될 요소이기

---

53) 김동춘(2000) 156.
54) 백철, 1976, 『속, 진리와 현실』, 박영사; 김동춘(2000) 157에서 재인용.
55) 『박흥순 진술조서』.
56) 김남식(1984) 455.
57) 안용현(1992) 357~358.

때문이다. 이들이 1차 예비검속 후 석방된 후 9월 25일경 다시 체포되어 희생된 이유도 여기에 있다고 할 수 있다. 「피살자명부」를 분석해 보면 희생자의 신분은 아래와 같이 분류된다.

순위	희생자 신분	명수	비율
1	경찰	48	25%
2	국군	24	13%
3	대한청년단	20	11%
4	지역 유지	19	10%
5	우익협조자	18	10%
6	의용소방대	11	6%
7	면장 및 면직원	11	6%
8	구장(이장)	10	5%
9	종교신자	6	3%
10	방위장교 및 방위군	4	2%
11	교장 및 교사	3	2%
12	국민회장	2	1%
13	형무관	2	1%
14	사적 이유	2	1%
15	기타	9	5%

9번째로 많이 희생된 '종교신자'에는 한학을 한 유교 신자들도 포함된다. 피해자 6명 중 3명의 유족을 면담한 결과 이들은 모두 마을에서 한학을 하며 유학을 가르쳤다. 마지막 '기타'는, 태극기사건 관련자, 중앙청 감찰부, 세무서 직원, 회사원, 월남자, 해사대학생, 어업조합 이사, 군인가족, 무허가 도살 등으로 각 1명씩 체포되었다.

둘째, 우익이 아니더라도 인민군 점령기간 동안 북한체제나 인민군 지배에 반하는 반공활동을 한 경우, 앞서 언급했듯이 즉시 수감되어 구타 등의 고문을 당하다가 희생되었다. 북한은 전시 저항세력의 진

압 여부가 전쟁의 결과를 좌우한다고 보아 이들의 처리기준을 새로
제정하였는데, 그것들은 「전시조건하에서 발생하는 범죄에 대해서 형
법적용에 관한 지도적 지시」(1950.7.22) 및 「군사행동구역에 있어서의
군사재판소에 관한 규정」(1950.8.21) 등이다.[58]

　서천지역의 대표적 반공활동은 태극기를 제작한 활동과 아군 함대
에 신호를 보낸 활동이다. 태극기를 제작하여 피해를 당한 사건은 일
명 '태극기 사건'이라고도 불리는데, 이 사건은 서천군 비인초등학교
출신 15명이 인민군 점령 시기 비인면 성내리 교촌 부락에 있는 교촌
향교 골방에 모여 태극기를 제작하다가 들켜 체포되어 희생된 사건이
다.[59] 이들 15명 중 한 사람인 송봉호가 이 사건으로 사망한 김철원,
장지화, 오상만, 이완봉, 박준화, 서귀석에 대해 진실화해위원회에 진
실규명을 신청하였는데 이들 중 박준화, 이완봉이 서천등기소에서 사
망한 것으로 확인되었다. 나머지는 대전형무소에서 사망한 것으로 판
단된다. 서천경찰서 「피살자명부」에 의하면 박준화가 체포된 원인은
'태극기 사건'이고 이완봉이 체포된 원인은 '교원'이다. 그러나 이완봉
은 당시 20세이고 학생으로, 교원이 아니었으며 박준화와 마찬가지로
태극기 사건으로 인해 체포되어 희생되었다.[60]

　아군 함대에 신호를 보낸 활동은 인민군이 가장 경계한 활동 중 하
나로, 현재철이 내무서에 잡혔을 때에도 미군 함대에 봉화불로 연락
을 했는지 실토하라고 취조당했다고 한다.[61] 이 활동을 한 이들 중

58) 박광섭(1993) 198~199.
59) 충남 향토사단(1982) 210~212.
60) 충남 향토사단(1982) 210~212; 「송봉호 진술조서」 2쪽; 「박귀자 진술조서」
　　 3~5쪽.
61) 『서천신문』(2007.4.9).

서천지역에서 가장 유명한 이들은 '오열사'로서 장항농업중학교 5학년에 재학중이었던 김달식, 양태순, 최승상, 임상덕, 신윤식이다. 이들은 '구국결사동지회'를 결성하여 아군 함대에 신호탄 등으로 북한군의 위치를 알리다가 신고에 의해 체포되어 대전형무소에서 희생되었다.[62] 또한 위 '태극기 사건' 관련자들도 함대에 담뱃불로 신호를 보냈으며, 피해자 구명현도 미군 함대에 연락을 하였다고 한다.[63]

4. 수감 및 희생 과정

우익인사들은 대체로 서천내무서에 수감되었다가 9월 26일 밤 서천등기소로 이송되어 학살되었다. 그 과정은 다음과 같다. 간수가 수감자들을 서천내무서에서 등기소로 이송하기 위해 내무서 감옥에서 다 나오라고 한 후, 이제 모두 조사가 끝나서 다른 곳으로 옮겨가게 되고 곧 집으로 돌아가게 될 것이라고 하면서, 수감자들의 손을 뒤로 하여 새끼줄로 묶어 한 줄로 세웠다. 수감자들은 열을 지어 등기소로 이동했는데, 행렬 뒤에 오는 사람들이 드럼통을 굴리며 왔다고 한다. 아마도 이것이 불을 붙일 휘발유일 것이다. 이때에는 감시가 심하지 않았고 손에 묶은 새끼줄도 간단히 풀 수 있었는데 아무도 탈출을 시도하지 않았다고 한다. 며칠이면 풀려난다고 하니까 아무도 도망하려 들지 않았다는 것이다.[64] 그러나 열을 지어 가던 중에 몇 명이 자신들을 죽일 것이라고 의심하기 시작했고 이들은 일부러 열에서 뒤쳐져

62) 유승광(1998) 220.
63) 「박귀자 진술조서」 2쪽; 구세완 면담(2007.12.13).
64) 충남 향토사단(1982) 229.

오다가 도중에 탈출을 시도했다. 인민군이 이들에게 총을 쏘았으나 시늉만 할 뿐 적극적으로 잡으려 들지는 않았다.[65]

등기소에 도착하자 인민군 둘이 이미 장총을 들고 등기소 철문 양편에 서 있었다. 이렇게 "학살장소별로 인민군 2명씩 배치 받을 것"이 당시 지시되었다는 것이 전북 옥구군 미면 사건 기록에서도 드러났다.[66] 인민군은 호송된 사람들을 창고 안으로 들여보냈다. 뒤에 오던 사람들도 드럼통을 굴리며 마당으로 들어왔는데 마당에는 이미 장작이 쌓여 있었다고 한다.[67] 새벽 1시경 장작을 등기소 창고 외벽에 쌓아놓고 휘발유를 뿌려 불을 질렀다.[68] 창고에 갇힌 사람들 일부는 그 상황에 의연하게도 "대한독립만세"를 불렀다.[69] 이는 '대한민국만세'를 의미하는데 이들에겐 아직 여전히 3·1 운동의 '대한독립만세'가 더 익숙한 것이었음을 알 수 있다.

나중에 시신을 목격한 사람들은 시신의 형태를 보니 불이 붙었을 때 사람들이 살기 위해 지붕이나 창문으로 올라가려고 서로 위로 오르려고 한 것을 알 수 있었다고 했다. 또한 실제로 창을 통해 탈출한 사람도 있었다. 그러나 잠시 후 등기소 건물 천정이 폭발로 인해 날아갔으며 그 때문에 오히려 위로 올라간 사람이 까맣게 탔다. 벽 쪽에 있는 사람도 가열된 벽 때문에 다 탔고 아래 깔린 사람들은 타지는 않았으나 질식사하였다.[70] 대부분은 이처럼 질식으로 사망했다.

---

65) 2007년 3월 19일 나상우 진술(서천신문사 제공 영상자료).

66) 대검찰청수사국(1975b) 61.

67) 충남 향토사단(1982) 229. KWC 32 Exhibit E, No. 5의 사진자료에도 장작더미가 보인다.

68) KWC 32, Synopsis.

69) 「최성진 진술조서」 5쪽;「김종환 진실규명신청서」첨부 김길환의 진술서;「조정순 진실규명신청서」별지; KWC 32 Exhibit C 윤갑득의 진술.

이러한 과정에서 탈출에 성공한 사람들이 있다. KWC 32 문서에 의하면 학살장소에서 탈출한 사람은 임완순, 구병정, 나상우, 황인봉, 원용필, 윤주작이다.[71] 주민들의 진술에 의하면 김세원, 김영재, 양경모, 김종철도 탈출하였다. 이들의 탈출 유형은 단계별로 볼 때 크게 세 가지로 분류될 수 있다.

첫째, 이송 중 탈출한 사례로, 감시가 소홀한 틈을 타서 탈출한 경우이다. 대체로 많은 사람들이 이송 중에 감시가 소홀했다고 진술하고 있다. 그럼에도 불구하고 소수만이 탈출을 시도했다고 하는 것은 학살이 일어날 것이라고 아무도 생각하지 못했다는 것을 의미한다. 나상우, 원용필, 황인봉, 양경모가 등기소로 행군하던 중 탈출하여 근처 산이나 언덕에 숨어서 생존할 수 있었다.[72] 둘째는 등기소에서 석방자 호명 시 탈출한 사례이다. 임완순은 보초가 등기소 수감자 중에서 좌익 가족들을 석방하기 위해 좌익 가족이 누구냐고 물었을 때 자신이라고 속여서 탈출에 성공하였다.[73] 김종철은, 보초가 뇌물이라도 받았는지 살짝 추교영에게 '솔리 천석꾼 추부자'를 부르면 나오라고 하는 소리를 엿듣고, 창고 입구 쪽에 서 있다가 추부자를 부르자 재빨

---

70) 「신항 진술조서」 7쪽; 「박귀자 진술조서」 5쪽.

71) KWC 32, Exhibit D. 이 중 황인봉은 「노승필 진술조서」(3쪽), 원용필은 「박홍순 진술조서」(4쪽)와 「나상우 진술조서」(1쪽)에도 나타난다.

72) 원용필, 황인봉에 대해서는 KWC 32, Exhibit D 참조. 양경모에 대해서는 「유병남 진술조서」(3쪽) 참조. 그 밖에는 「나상우 진술조서」 2쪽, 2007년 3월 19일 나상우 진술(서천신문사 제공 영상자료) 참조.

73) KWC 32, Exhibit C, 엘리스 대령의 진술. 그러나 KWC 32, Exhibit D의 임완순의 진술에 의하면 그가 1950년 10월 3일 엘리스 대령에게 한 말은 정확하게 통역되지 않았다. 그는 좌익의 가족이라고 말해서 석방된 것이 아니라 보초가 석방자의 이름을 불러 몇몇이 창고에서 나갈 때 함께 나와 탈출에 성공했다고 한다. 임완순의 탈출에 대해서는 『서천신문』 2007년 3월 5일자에서도 다루고 있다.

리 대신 나가서 살았다. 김종철은 군인이어서 동작이 빨라 등기소 담을 재빨리 넘어 남산 쪽으로 도망가 살았다고 한다.[74] 마지막으로 창고 유리를 깨고 탈출한 사례가 있다. 김세원이란 사람이 등기소에 제일 나중에 들어갔는데 천정 가까이 있어서 천정유리를 깨고 뛰어 내려서 살았다는 진술이 있다.[75] 사람들이 살기 위해 서로 사람들을 밟고 위로 오르려는 상황이었다면 먼저 들어간 사람은 불리하고 나중에 들어갈수록 이미 안에 있는 사람들을 딛고 위로 오르기가 더 수월했을 것이다.

여기서 구체적인 과정을 알기 위해 생환자 중 현재철과 나상우의 얘기를 들어보기로 하자.

당시 현재철은 23세로 장항농업고등학교 6학년이었고 학생회장이었다. 자신이 잡혀가기 전 그럴 것을 이미 알았는지 이원우 교감이 자신에게 사회주의를 공부해두라고 일러두었다고 한다. 그날 30여 명의 낯선 청년들이 죽창을 들고 동네에 왔고 그를 잡아갔다. 밤 12시경 트럭에 올라탔고 내무서로 옮겨졌다. 그런데 이상하게도 그들이 허리띠로 자신의 손을 묶었는데 너무 엉성해 빠져나갈 수 있었다고 한다. 그러나 일단 따라가 보기로 했다고 한다. 정치보위부에 갔는데 자신을 끌고 간 사람이 뭐라고 높은 이에게 보고하자 무엇이 부족한지 퇴짜를 맞은 것 같았다고 했다. 그때부터 20일간 취조를 받기 시작했다. 그들은 현재철에게 남로당을 밀고하고 미군 함포사격시 봉화를 도왔는지 실토하라고 했다. 그는 순간 교감의 말이 생각나 공산주의에 대한 토론을 시작했다고 한다. 그러자 그를 취조하던 자는 당초 목적은

---

74) 「이종은 진술조서」 4쪽; 「차군희 진술조서」 3쪽. 차군희 면담(2008.1.21).
75) 「김충규 진술조서」 3쪽; 「송봉호 진술조서」 4쪽.

뒷전이 되고 사상 토론을 벌이기 시작했다. 마침내 그는 "당신은 아주 유망한 청년이다. 나가서 인민공화국을 위해 힘써달라"며 풀어주었다고 한다. 그는 달려서 집으로 와서 벽장 안에 숨어있었다. 그리고 바로 다음날 등기소 방화사건이 그 전날 있었던 것을 알았다고 했다. 학살 직전에 풀려난 것이었다. 그 사건 후에도 친구 여동생을 통해 장항지역 지주 50명이 죽을 것이라는 것을 미리 알아내 그 사람들을 피하게 해서 큰 화를 막았다고 했다.[76]

현재철은 끌려가는 과정에서도 도망갈 기회가 충분히 있었으며 정확한 죄가 입증되지 않아 즉결처분되지 않았고 취조에도 불구하고 죄가 나오지 않자 풀려난 것이다. 또한 그들이 볼 때 유망한 청년이란 생각에 풀어준 것이라 할 수도 있다. 이후 장항 학살계획도 회의에 참석한 친구 여동생이 그 사실을 알려준 것을 보면 좌익들이 보안에 크게 신경 쓰지 않았다는 것을 알 수 있다. 즉 좌익의 학살 의지가 그렇게 강했다고 볼 수 없다.

나상우는 좀 더 구체적인 증언을 하고 있다. 당시 상황을 생생하게 파악하기 위해 얘기가 길고 다소 두서가 없지만 되도록 가감 없이 전하기로 한다.[77]

> 나는 1차 예비검속에 걸려 보위부로 넘어갔다. 보통은 경찰서에 감금한다. 보위부는 사상범과 정치범을 주로 수용했다. 수리조합 창고가 보위부 건물이었다. 보위부에 가보니 감방에 안 두고 대청마루에 있게 했다. 그곳에는 사람 서너 명 있었다. 왜 감방에 안 넣

---

76) 김명옥(2007).
77) 이 글은 서천신문사가 취재를 위해 나상우의 진술을 녹화한 것을 풀어쓴 것이다.

느냐고 했더니 이미 다 차서 들어갈 데가 없다고 했다. 그때 양력
9월이라 추워서 하룻밤 자는데 같이 있던 사람과 껴안고 잤다. 식
전에 일어나서 아침 먹을 무렵이었는데 당직자가 모두 다 나오라고
그랬다. 네 다섯 명 정도가 있었다. 이름은 모른다. 저녁에 자다가
도 사이렌 울리면 방공호로 피신시켰다. 한번은 부르더니 다 집으
로 가라고 했다. 사이렌 불러대고 그래서 (피난시키는 게) 귀찮아서
그런가 하고 생각했다. 다른 데 들르지 말고 바로 집으로 가라고 엄
명을 내렸다. 언제쯤 다시 부를 것이냐고 물으니 4~5일 후라고 했
다. 관청(보위부)에서 그렇게 애매한 말을 해서 이상하게 생각했다.
　집에 와서 사촌형님과 얘기했다. 아무래도 이상하니까 하룻밤만
자고 딴 곳으로 피신해야겠다고 얘기했다. 그날 저녁만 자고 딴 곳
에 피신하려고 했다. 자고 일어나서 밥을 먹었는데, 부락인민위원
회에서 인민위원이 사람들을 앞세워 세 명 정도가 총대 메고 왔다.
오늘 서장이 유지들 모시라고 그래서 나왔다고 했다. 가운데 나를
세워놓고서 앞뒤로 총대를 메고 있어서 꼼짝 못하고 따라갔다. 따
라가 보니 면 지서였는데 거기에 사람이 30~40명이 있었다. 어떤 사
람은 집에 가서 자고 오라고 했는데 귀찮아서 여기서(면 지서에서)
그냥 잤다는 사람도 있고, 어리에 사는 친구 하나는 새 쫓는 대나무
를 들고 고무신 신고 왔다. 그래서 내가 이런 데 올 때는 그러고 오
는 것이 아니라고 했다. 나는 농구화에 당꾸쓰봉(발목이 좁은 기마
복 바지)을 입어서 유사시에 언제든지 뛸 자세를 하고 있었다. 오후
가 되었다. 다들 화를 피하려면 피할 수가 있었다. 수십 명이 있어
서 화장실에 갈 수도 있었고 점심 먹으러 간다고 할 수 있었다. 그
런데 그렇게들 하지 않았다. 나는 최상급(우익간부)이 되어서 모르
는 사람이 없어서 피할 수도 없었다. 그만큼 감시가 심했다. 군 농
협(옛 경찰서 터)에서 마서 사람은 서쪽 편에 있었고, 향나무 있었
는데 그 밑에 2~30명 있었다. 당직자가 그 사람들에게 '당신 어디야'
하니까 '마산면이요' 그랬다. 우리는 '마서'라고 하니까 '마산?'이라고

그래서 '아니고 마서'라고 했다. 보니까 마산과 마서가 동시에 예비 검속 되어서 온 것이었다. 예비검속은 먼저 했고, 이것은 잔당 처치하느라고 두 번, 나머지를 한 것이었다. 2차, 최종 예비검속 한 것이다. 잔당을 소탕한다는 의미인 것 같다. 그래서 나중에 보니 유치장이 텅텅 다 비어 있었다. 마서와 마산이 따로 감방이 되어 있는데 그때 얘기 들어보니, 서천민 사람들도 약간 먼저 수용된 사람들이 있었다. 서천경찰서 앞 유치장에. 원용필이라고 한 직장에 있었던 친구인데 한 감방에 있었다. 서천에서도 나머지 잔당들을 다 잡아 들였던 것이었다.

  그런데 그날 저녁에 저녁도 안 주고, 시간도 몇 시간, 상당히 늦었다. 묻지도 못하고. 한 감방에 쪼그려 앉아 있고, 조는 사람도 있고. 나는 성질이 급해서 다혈질이라, 저녁도 안 준다고 배고프다고 뭐라고 했다. 그러자 밖에서 소리가 났다. 창 위에 올라가 봤다. 간수가 '어떤 새끼가 뭐라 했냐, 나오라'고 했다. 그냥 뭉개고 있다가 다들 벌 받을 수 없어서 내가 나갔다. 간수는 무엇인가 부산하게 들고 기록하고 있었다. 결국 나는 잘못했다고 했다. 그랬더니 들은 둥 마는 둥 하고 있어서 또 잘못했다고 그랬더니 들어가라고 했다. 그래서 내가 들어가서 사람들에게 그랬다. "오늘 우리 죽는다." 그랬더니 아니나 다를까 다들 나오라고 했다. '너희들 잠자리가 불편하니 편히 자게 해준다'고 했다. 다들 나갔다. 내가 '신발을 어떻게 하냐고 물었더니 신은 안 신어도 좋다고 했다. 그래서 '죽으려고 하는구나' 생각했다. 열을 지으라고 하고 어디론가 향했다. 그 중에 생각이 있는 사람은 열에서 뒤처지려고 하고 어떤 사람은 앞서려고 했다. 나는 어떻게든 기회를 보려고 뒤로 쳐졌는데 중학교 앞, 중국집, 좁은 사거리 정거장으로 가는 길, 그쯤에서 몇 사람이 튀었다. 그러니 총을 쏜다. 많이도 안 쏜다. 총 쏘기 시작했으니 이제 기회를 놓쳤다. 난 직장 생활을 오래 해서 지리를 훤히 알았다. 행렬 방향이 등기소로 틀었다. 나는 '이상하다… 여기서 튀어야지 안 되겠다'고 생각했다. 거기가 마침 논이었는데 벼가 누렇게 익고 물도 다 뺐다. 여기서 살든지 죽든지 튀어야겠다고 생각해서 튀었다. 그 밑의 논으로 떨어져서 한참 숨을 죽였다. 그러다가 맨발로 집으로 오다가 큰 남산의 둑에서 쉬었다. 숨 가쁘니까, 한 숨 쉬지 않고 왔으니 얼마나 숨이 가빴을까. 거기 앉아서 서천면을 쳐다보니까 불이 벌겋게 올라왔다. 그때 12시 넘었다. 새벽 1~2시 경이었다. 사방이 고요했다.

우리는 (인민군이) 후퇴할 때 주의하여야 한다. 나는 그것을 염두에 두고 있었다. 집 담장을 넘어서 들어왔다. 우리 늙은이(아내)보고서 나 ○○ 동네로 피신 할 테니까 그리 알라고 하고 바로 갔다. 새벽인데 야단이 났다. 동네가 시끌시끌한 것 같았다. 대한청년단 총무도 있었던가. 최종임, 최승임 형제가 죽었다는 말이 있다. 그래서 동네가 시끄러웠던 것이다. 거기서도 튀었다. 위험해서. 남산 꼭대기는 못 올라가고. 산 중턱을 타야할 것 같았다. 옥선일가 가서 숨어 있다가 완전히 인민군이 철수했다는 말을 듣고 왔다. 집안 형들이 안심하라고 가자고 해서 왔다. 하루 이틀 있었던 것 같다.

(다시 처음 얘기로 돌아가서) 내무서라고 하는 지서에서 취조도 받았었고 거기서 자수도 하고 그랬다. 사실은 자수를 해서 (큰일을 당할 뻔했다). 난 원래 자수자 명부에 없었다. 내가 어떻게 전략을 썼냐면 그 사람들(인민군들) 서천에 진주했다고 할 때 바로 그 이튿날 가서 자수했다. 왜냐하면 진주해서 어수선할 때 적당히 자수하면 적당히 뭐 할 수도 있을 것 같아서 그랬다. (그리고 장항폭동사건 가담사실을 말하면 잘 봐줄 것 같았다.) 사실은 그 전에 병자년 호열자(콜레라) 유행했을 때 장항에 있었다. 장항폭동사건이란 것이 있었다. 그때 어린애 하나가 총 맞아 죽고 그랬는데, 그때 경찰과 시민이 큰 격투가 일어났었다. 난 그때 직장생활 그만두고 있었을 때였는데 그 광장에 (시민)대표로 뽑혀 들어간 적 있었다. 그때

여론조사 했을 때 나는 불순분자가 아니라는 인상을 받아서, 불구속 돼서 집행유예로 풀려난 적 있었다. 호열자(콜레라) 창궐할 때였다. 교통차단을 당했다. 그때 읍사무소를 습격하자고 했다. 전염병 걸리면 격리하는 병원이 있었는데 항경으로 이전한다는 말이 있었다. 하필이면 항경으로 이전하려고 하냐고 반대하자고 소집이 있었다. 습격하자고 해서 내가 더 진위를 파악해서 습격을 하든지 해야지 무지막지하게 그러면 어떡하냐고 그랬더니 누군가 옳다고 그랬다. 몇몇 누구누구 대표로 해서 소방사무실로 모이기로 했다. 읍사무소로 따지러 가기로 한 거였다. 그날 대책회의라 해서 장항 유지들 소집했던 모양이었다. 읍사무소 2층에서 회의를 하는데 밑에서 총소리가 났다. 야단났다. 사람들이 왔다 갔다 하고. 사람이 죽었다고 하고. 초등학교 다니는 아이가 산중턱에서 쌀 보리 한 자루 얻어 메고 가다가 총 맞아 죽었다는 것이다. 시민들이 운집하여 경찰을 닥치는 대로 두들기고 돌로 바수고 했다. 그게 폭동의 발단이 된 거였다. 장항역 앞에 지서가 있었는데 후퇴를 하고 시민들은 몰아치고. 닥치는 대로 두들기고 돌 던지고 총대를 다 뺏고. 역전 광장에 사람이 운집하기 시작했다. 말 들으니 애가 그렇게 총 맞아 죽었는데. 낭설인지 모르겠는데 관공서는(관공서 사람들에게만) 특별히 배급을 한다 했었다. 일반 시민은 죽으란 말이냐 이거였다. 대표자 선출해서 해결하자 그래서 거기서 본의 아니게 대표자로 나서게 됐다. 무서웠다. 난 대표자 자격 없다고 그랬더니 사람들이 우리 맘을 전달해달라고 하는 것인데 왜 못하냐고 그랬다. 그래서 의사전달 정도야 못하겠냐고 해서 들어갔다. 내가 (내무서에) 자수할 때 그 얘기를 했다. 그랬더니 애국 동지라고 했다.

인민군이 월포, 백사, 죽산, 다 있었다. 주로 바닷가에 있었다. 대전으로 간 사람은, 들은 얘기인데, 거물급이라고 할까, 그 쪽은 평소에 인심을 별로 얻지 못하는, 지금으로 치면 고리대금업하던 사람들. 산발적으로 잡히는 대로. 말 들어보니 총으로다가 칼로다가… 모르겠다.

경찰이 나쁘다. 대한청년단에 알리지 않고. 저들만 쏙 빠져나가고.

(한국전쟁 발발 당시 상황으로 돌아가서) 우리 아버지가 국회의원이었다. 전쟁이 났는데 식량이 다 떨어졌다. 우리는 삼형제인데 다 약골이었다. 8월쯤 피신했다. 고개에 닿자마자 집에 총소리가 났다. 총소리 듣고 식구들 다 죽었다고 생각했다. 무서웠다. 한 시간이나 있었나. 일가 아줌마가 '조카 안심해 죽은 사람 없다'고 했다. 그리고 막내 동생이 왔다. 얼굴이 노래가지고, "형님! 둘째 형님이 장항으로 (잡혀서) 넘어갔는데 큰 형님이 가셔야할 거 아니요. 둘째 형님은 무슨 죄가 있소. 큰 형님 대신 둘째 형님이 죽을 수는 없지 않소"라고 했다. 그래서 아침 먹고 장항으로 내려갔다. 내려갔는데 지서(본서는 서천에 있었고) 주위는 담을 치고 있었고 그 앞에 가긴 갔어도 들어가면 이것으로 최후다 생각하니 왔다 갔다 하다가 한번 죽으면 그만이지 하고 들어갔는데 어떤 친구 하나가 어찌 나오셨어요, 그래서 볼일이 있어서 왔다고 사람이 많은데 얘길 할 수가 없어서 앉아 있었다. 그 친구가 어디 바깥에 있다가 갔다 왔다. '어찌 왔어요' 그래서 내가 '감찰대장 동무 좀 만나러 왔어' 하니까 (자기라고) 들어오라고 해서 들어가니까 방에 책상이 두 개 있었다. 내가 그 친구가 누군지 기억이 안 나 알쏭달쏭했다. 가만 생각하니 아버지 출마할 때 내가 대접하던 기억이 났다. 성이 '장가'라고, 우리 운동원이었다. 그래서 나를 반갑게 맞이했던 모양이었다. 내가 담배 피울 수 없겠냐고 했더니 담배를 내 줬다. 한 개를 뺀 다음 돌려줬더니 담배를 다 줬다. 구상을 하려고 담배를 피웠는데 옆의 사람이 들어오니까 빨리 취조를 해야 하겠더라고. 핑계를 대기를, 자네도 선거운동 했지만 선거할 때 반대파가 감정을 가지고 지금 모략하고 있다고 했더니 '나쁜 새끼들, 당장 쫓아간다'고 했다. 그래서 '아니라고. 바쁜데 그럴 필요 있겠냐고. 편지로 공문을 써 달라'고 했다. 그런데 그 사람이 공문 쓸 줄 알겠는가. 몇 자 쓰고 쓰레기통에 버

리고. 시간은 자꾸 지나고. 그래서 "동무, 나를 위해서 써줄 바에는 내가 말하는 대로 쓰면 어떠?" 그랬더니 '그렇게 하세요' 해서, 술술 썼다. 그래서 내가 어느 정도 격식을 아니가 술술 쓰고 있는데, 끝에 맺어질 만한데 옆 사람이 들어왔다. 그래서 감찰대장도 아무 소리 못하고 나도 아무 소리 못하고. 할 수가 있어야지. 앞 사람 구경만 하고 있었다. 그런데 감찰대장이 한참을 생각하더니 뭐라 뭐라 썼다. 나중에 보니, 끄트머리에 뭐라고 썼는가 하니, '이 사람이 검속하다고 필요하다고 인정할 때는 본관의 승인을 얻으라'고 도장을 찍었다. 그렇게 해서 내게 줬다. 그래서 동생하고 나하고 나와서, 그 편지를 가지고 옥남으로, 옛날 농업학교 소재지, 거기 헌병대가 있었다. 그런데 누가 그 편지를 갖고 갈 거냐 이것이 문제였다. 은행에 다니던 동생이 "제가 가죠. 제가 일단 거길 거쳐서 왔으니까" 그랬다. 거기서 대장이 그냥 즉결처분하라고 했다고 한다. 그랬더니 '아니라고 그 새끼가 아니고 그 새끼 동생'이라고 그랬더니 '그러냐'고. 그래서 취조 몇 마디 하고 장항으로 넘어왔다고 했다. '일단 저는 경유했으니까 상관이 없으니까 편지를 가져간다고. 형님이 가져가면 다시 취조하던지 그러면 곤란하지 않냐'고 동생이 그랬다. 그래서 동생 편에 편지를 보내고 무사히 왔다. 막내는 부락인민위원회에서 취조를 당하는데 '얼굴이 왜 노랗냐'고 그래서 '폐병 3기라고. 오늘 죽을지 내일 죽을지 모른다'고 했더니 그래서 먼저 그날 저녁에 돌려보냈다. '삼형제가 노력동원하면 쉴 날 없이 하니 20대 청년이라도 건강이 좋지 않았던 모양이라고. 그래서 폐병 3기라고' 해서 풀려난 것이었다.

　필자는 나상우를 직접 면담하였는데 위 증언과 마찬가지로 과장 없이 담담하게 말했다. 면담 내용과 앞선 증언을 종합해 주목할 만한 점을 다시 짚어 보자. 나상우는 전쟁 전 장항폭동사건에서, 어쩔 수 없이 하게 되었다고 했으나 어쨌든 시민대표로 당국에 항의하는 등 우익인사라고 보기 어려운 전력을 갖고 있다. 폭동사건의 기폭제가 된 아이의 피살사건에 대해 취재기자가 오발로 인한 사망이냐고 묻자 실수가 아니라 장난이었을 것이라고 말하는 등 정부당국에 우호적이지도 않다. 그는 이러한 자신의 전력을 믿고 인민군이 점령하자 자진신고 했을 정도이며 북한군도 그를 애국자라고 치켜세웠다. 이것을 볼 때 그가 전쟁 전 대한청년단장을 한 것은 자신의 강한 신념에 의해서라기보다는 어찌어찌해서 추천받아 되었을 가능성이 크다.

그는 전쟁이 나고 나서 경찰이 자신과 같은 한청단원들에게 알리지 않고 먼저 피난 간 것에 대해 원망했다. 사실상 서천군에서는 대한청년단원이 많이 희생되었는데 이는 이처럼 당시 사태를 잘 모르고 남아서 당했기 때문이다. 전쟁 당시 나상우는 39세로 그 전에 수협에서 일했다가 대한청년단 마서면 면단장을 했다. 아버지는 국회의원이었으며 남동생이 둘 있었는데 바로 아래 동생은 은행에 다녔다. 북한 측 시각에서 보면 이는 최상위 우익집단으로 나상우 본인은 물론 가족들도 살아남기 어려운 신분이다. 따라서 그 역시 8월 즉 뒤늦게라도 피난을 갔으나 자신 때문에 동생이 대신 잡혀갔다는 말을 듣고 다시 내려와 동생이 잡혀있다는 장항으로 간다. 잡혀간 동생은 즉결처분당할 뻔했으나 본인이 아닌 형이 우익이라는 것을 알고 위기를 모면해 있는 상황이었다. 나상우는 동생을 구하기 위해 장항에 가서 감찰대장을 찾으니 그는 마침 자신 아버지 선거운동을 하던 사람이었다. 이는 당시 좌익으로 변신한 사람 중에 전에 우익활동을 한 사람도 많았다는 것을 알게 해준다. 자신을 알아본 감찰대장 덕분에 그는 위기를 모면했다. 막내 동생도 취조를 당했으나 폐병환자라고 하니까 풀어줬다.

　이후 나상우는 다시 보위부로 끌려갔다. 한청단장이라 다른 이들과 달리 내무서가 아닌 보위부로 끌려갔다. 수감자들 처우는 나쁘지 않았다. 식사도 제공되었다. 집에 갔다 오라고 했음에도 불구하고 가지 않은 사람들이 있었다고 한 것을 보면 비인간적 대우를 하지는 않았다는 것을 알 수 있다. 또한 비행기가 떠서 사이렌이 울리면 수감자들을 방공호로 대피시켰다고 했는데, 처음부터 이들을 죽일 작정이었으면 그런 귀찮은 대피는 시키지 않았을 것이라고 여겨진다. 그리고 학살 전날 집에 가 있으라고 하고 풀어주었다. 이를 보면 최상위 우익인 사인 나상우에게조차 감시가 소홀했다는 것을 알 수 있다. 그때 그가 집에서 자지 않고 다른 곳으로 피신했더라면 끌려가지 않았을 것이다. 다른 이들 역시 피신하지 않았으며 심지어 어떤 이는 집에 가라는데도 귀찮다고 가지 않았다. 학살 당일 사람들이 끌려와 있는 상황에서도 화장실에 가거나 집에 가서 점심 먹고 온다고 해도 다녀올 수 있는 분위기였다. 양조장 주인은 막걸리를 먹고 오겠다고 했다고도 한다. 어떤 이는 새 쫓는 대나무를 들고 고무신 신고 왔다고 했다. 아무도 학살당할 것이라고 생각하지 않았고 또한 인민군이나 좌익도 이들을 철저히 감시하지 않았다. 학살 장소로 끌고 가는 중간에 사람들이 도망을 칠 때에도 총을 쏘는 시늉만 했지 제대로 맞추지 않았다. 나상우가 탈출하여 집으로 돌아왔을 때에도 별일이 없었으니 도망간 사람을 잡으러 오지도 않았다는 말이 된다. 이러한 점들은 좌익이 위로부터 학살의 지시를 받았으나 내켜서 한 것이 아니며 많은 이가 눈치채고 도망가도 방치했다고 결론짓게 한다.

　실제로 각 지역별로 이 시기에 집단학살의 명령이 떨어졌고 그 학살의 방법은 제각각이었는데 실패한 경우가 많았다. 예를 들어 당진군의 경우 다른 곳과 마찬가지로 후퇴를 앞두고 좌익들이 우익인사를 몰살하기 위해 잔치를 벌인다고 하고 독을 넣은 떡을 준비해서 사람들을 독살할 계획을 세웠으나 그 정보가 새어나가 아무도 잔치에 오지 않아서 실패했다. 어쩌면 그러기를 바라고 정보를 흘린 지도 모를 일이다. 그렇지 않고서야 한 명도 잔치에 오지 않기는 어렵지 않겠는가.

5. 희생 규모

학살 장소로 쓰인 서천등기소 창고는 본래 서류를 보관하는 곳으로 붉은 벽돌로 지어졌으며 서천군에서 가장 튼튼한 건물이었다고 한다.[78] 이곳을 희생장소로 사용한 이유는, 다른 건물은 대체로 나무로 되어 있어 안에 갇힌 사람이 벽을 발로 차서 부수고 나올 수도 있는데 이곳은 튼튼해서 그럴 염려가 없기 때문이었다고 한다.[79] 등기소 창고의 면적은 5.5미터×7.3미터로서 40평방미터[80]이고 높이는 4미터 정도 된다.[81] 가로 세로 1미터 정도 되는 창문이 벽의 4면마다 하나씩 나 있으며 쇠창살로 덮여 있고 출입문은 철문이었다. 천장에도 유리창이 있다는 증언이 있으며 실제로 앞서 언급했듯이 그 창문을 깨고

---

78) 당시 서천등기소가 있었던 자리에는 현재 서천중학교가 위치해 있으며 위령비가 세워져 있어서 그곳이 사건 현장임을 말해주고 있다.

79) 「김재명 진술조서」 4쪽.

80) KWC 32, Exhibit C에 의하면 18피트×24피트로 되어 있으며 평수로 환산하면 12평정도 된다. 김추현도 창고가 10여 평 정도 된다고 진술하였다. 「김추현 진술조서」 3쪽.

81) KWC 32, Exhibit E, No. 10, 12.

〈그림 1〉 학살장소인 서천등기소 창고
출처: KWC 32 Exhibit No. 10(NARA 소장, 국립중앙도서관 이미지 제공)

탈출한 사람도 있다.[82]

학살 사건 후 약 7시간이 지난 9월 27일 오전 8시에 등기소 창고에 가 본 윤갑득에 의하면 당시 문이 열려 있었다. 그가 8시 30분에 다시 가보니 유족들이 시신을 꺼내고 있었고 약 30구 정도가 이미 치워졌다고 한다. 또한 보초인 정욱과 김씨 및 치안대원들이 아직 있었다고 한다.[83] 마찬가지로 27일 시신을 찾으러 간 김추현은 새까맣게 탄 시신 100여 구가 쌓여있는 것을 보았다고 진술하였다.[84]

---

82) KWC 32, Exhibit E, No. 9, 10, 12; 충남 향토사단(1982) 229; 「김충규 진술조서」 3쪽.

83) KWC 32, Exhibit C.

84) 「김추현 진술조서」 2쪽.

사건 발생 후 이틀 후에 간 박귀자에 의하면 아직도 건물 잔해가 타고 있었다. 그가 들은 바에 의하면 등기소 창고 문을 처음 열 때 시신이 와락 떨어져 나왔다. 건강한 사람은 창문으로 탈출하려고 위로 올라가다 더 타서 죽었으며, 지붕은 나무로 되어 있어서 다 타서 없어 졌다. 그가 갔을 때 사람들이 시신에 물을 끼얹어 하나하나 떼어 끌어 냈는데 위쪽의 시신은 완전히 까맣게 타서 알아볼 수 없었으며 그런 시신이 약 30구 정도 되었다. 시신은 모두 합쳐 약 50구 정도 남아 있 었다.[85] 사건 발생 후 며칠 뒤인 10월 3일 방문한 엘리스(Ellis) 대령에 의하면, 창고 안에 3구의 까맣게 탄 시신이 있었으며 등기소 건물 담 장 내부에 29구의 시신이 있었다. 그는 이 시신들이 4~5일 전에 죽은 한국인 남자로 보인다고 기록하였다.[86]

시신들은 대체로 완전히 불에 타서 확인이 어려운 경우가 많았 다.[87] 유족들은 시신을 서로 자기 것이라고 주장하여 찾아갔으며,[88] 시신을 찾아온 경우에도 자기 가족이 맞는지 확신이 없었다고 한 다.[89] 나이가 많거나 거동이 불편한 희생자의 경우 다른 사람들 밑에 깔려서 오히려 별로 타지 않아 시신 상태가 비교적 그대로 남아 있어 확인이 용이하였다.[90] 그러나 젊은 사람들은 창과 나무로 되어 있는

---

85) 「박귀자 진술조서」 5쪽.

86) KWC 32, Exhibit C.

87) 「노승필 진술조서」 4쪽; 「김문기 진술조서」 4쪽; 「김준기 진술조서」 4쪽; 「한 상무 진술조서」(피해자 한상천의 경우) 3~4쪽; 「이종은 진술조서」 4쪽; 「오 용기 진술조서」 4쪽.

88) 「신항 진술조서」 4쪽.

89) 「유병남 진술조서」 4~5쪽.

90) 「김동익 진술조서」 4쪽; 「최성진 진술조서」 4쪽; 「이희만 진술조서」 4쪽; 「강 규석 진술조서」 5쪽.

지붕을 뚫고 나가려고 위로 올라갔는데 폭발로 지붕이 날아가는 바람에 그런 사람들의 시신은 까맣게 타서 식별이 어려웠다. 식별이 어려운 시신의 경우 타다 남은 옷, 혁대, 양말, 구두의 특징이나 도장 등 평소 소지품을 보고 확인한 경우가 가장 많았고[91] 그 다음으로는 금니 등 치아의 특징이나 키, 수염, 발 모양 등 신체적 특징을 보고 확인하였다.[92] 추씨 아들의 경우 금니가 남아 있고 키가 커서 시신을 알아보았다고 했다. 한 희생자의 아내는 남편이 잡혀가기 전 속옷의 고무줄이 끊어져 이어준 적이 있는데 그 이어진 고무줄 타다 남은 것을 확인하고는 그 자리에 털썩 주저앉아 오열을 터뜨렸다고 했다. 이처럼 희생자들의 끔찍한 사망은 가족들에게 큰 고통이 되었다.

유족들은 사망자 수에 대해 50여 명부터 360명까지 다양하게 제시하였으나 대체로 들은 얘기일 뿐 정확한 근거는 제시하지 못했다.[93] 그러나 문헌자료와 목격자 진술을 종합해 볼 때 희생자 수는 약 240~250명 정도이다. 그 근거는 다음과 같다.

91) 「김길환 진술조서」 3쪽;「김병두 진술조서」 4쪽;「강동철 진술조서」 4쪽;「김경제 진술조서」 4쪽;「백만구 진술조서」 4쪽;「조정순 진술조서」 3~4쪽;「정문하 진술조서」 4쪽;「구영완 진술조서」 4쪽;「한면수 진술조서」 4쪽;「한상무 진술조서」(피해자 한정손의 경우) 3쪽;「박홍순 진술조서」 4쪽;「신항 진술조서」 4쪽;「서기석 진술조서」 7쪽;「임종호 진술조서」 4쪽;「김석제 진술조서」 4쪽;「김재명 진술조서」 5쪽;「김진호 진술조서」 3쪽;「조정금 진술조서」 4쪽;「이상진 진술조서」 4쪽;「남기준 진술조서」 4쪽.

92) 「구영완 진술조서」 4쪽;「박태현 진술조서」 4쪽;「이인복 진술조서」 5쪽;「추한표 진술조서(마-6350)」 4쪽;「남기준 진술조서」 4쪽;「문태진 진술조서」 4쪽;「김영호 진술조서」 3쪽;「신동진 진술조서」 4쪽;「김종성 진술조서」 4쪽;「김경환 진술조서」 3쪽;「오문숙 진술조서」 4쪽;「차군희 진술조서」 4쪽;「이충희 진술조서」 3쪽;「김석제 진술조서」 4쪽; 윤덕용 면담(2007.8.20).

93) 희생자 수를 56명이라고 진술한 사람이 1명, 100여 명이라고 진술한 사람이 1명, 130명이 1명, 150명이 1명, 200여 명이 4명, 230명이 1명, 270~280명이 10명, 300여 명이 16명, 360명이 6명이다.

첫째, 등기소까지 갔다가 탈출한 임완순에 의하면, 그는 24일 오후 9시 다른 40명과 함께 등기소 창고로 이송되었는데 이미 그곳에는 약 150명이 있었다. 그리고 9월 27일 오전 1시에 추가로 많은 수의 사람들이 창고 안으로 들어왔다고 하였다.[94] 임완순은 1시에 온 사람들의 수를 진술하지 않았으므로 전체 인원을 알 수가 없는데, 1시에 온 사람들의 수는 나상우의 진술을 통해 확인할 수 있다. 나상우는 9월 27일 1시경 등기소로 이송된 열에 포함되었다가 탈출했는데, 그때 같이 끌려간 인원이 50~60명 정도라고 진술하였다.[95] 따라서 임완순과 나상우의 진술을 종합해보면 150명+40명+50명(내지 60명)으로, 그 합은 약 240~250명 정도가 된다. 희생자 수는 희생 장소의 크기로도 짐작할 수 있다. 위의 진술을 보면 등기소 창고는 사람들로 꽉 채워져 희생되었다는 사실을 알 수 있는데, 창고는 40평방미터로 200명 이상의 사람들을 채울 수 있는 공간이다. 김추현은 등기소 창고가 200~300여 명 정도 들어갈 수 있는 공간이라고 진술하였다. 서울의 지하철 1량

---

94) KWC 32, Exhibit C. 임완순은 등기소 창고에서 이틀을 넘게 보냈으므로 창고 안에 몇 명이 수감되어 있는지 파악할 수 있는 충분한 시간을 가졌다고 할 수 있다. 또한 총 세 차례에 걸쳐 수감자들이 이송되었으며 25일부터 26일 사이에는 등기소로의 이송이 없었다고 하는 것은 원용필의 진술에서 확인된다. 그는 25일 등기소 창고로 감금되기 위해 끌려갔으나 그곳에 너무 사람이 많아 다시 내무서 감옥으로 끌려왔고 27일에 다시 끌려가다가 학살직전 탈출하였다고 진술하였다. KWC 32, Exhibit D. 또한 26일 서천내무서에 감금된 나상우는 직장동료인 원용필을 내무서에서 보았다고 진술함으로써 원용필의 진술을 뒷받침하고 있다. 2007년 3월 19일 나상우 진술(서천신문사 제공 영상자료).

95) 나상우 면담(2007.11.12) 그가 50~60명이라고 진술한 것은 서천신문사가 제공한 나상우 면담 영상자료의 내용과도 일치한다. 그 내용에 의하면 그는 등기소로 이송하기 전인 26일 서천내무서에서 수감되었는데 당시 마서면 주민 20~30명과 마산면 주민 30~40명 그리고 다른 서천지역 사람들 몇 사람과 함께 수감되었다고 하였다. 따라서 그 수는 대략 50명 이상 70명 이하가 된다. 2007년 3월 19일 나상우 진술(서천신문사 제공 영상자료).

의 면적은 62평방미터(19.5미터×3.2미터)로서, 최대 432명까지 탑승할 수 있다고 한다. 그렇다면 40평방미터는 최대 277명까지 수용할 수 있다는 계산이 나온다.[96]

둘째, 다른 사람보다도 당시 등기소나 서천내무서 보초들이 희생 규모를 잘 안다고 할 수 있는데 당시 등기소 보초를 섰던 정욱은 200명이 넘는 정부협조자들을 등기소 창고에 가둔 다음 불을 질렀다고 진술하였고,[97] 서천내무서 보초를 섰던 K는 250명이 희생되었다고 진술하였다.[98]

마지막으로, 시신의 규모로도 희생자 수를 파악할 수 있는데, 1951년 서천경찰서는 피살자 189명의 신원을 확인하였으며, 위 진술에 의하면 신원을 파악할 수 없이 까맣게 탄 시신이 30구 정도 된다. 그렇다면 전체 희생자는 189명에 30명을 더한 220명 정도가 된다. 또한 한국자유총연맹서천군지부에는 249명이 서천등기소 희생자로 등록되어 있으며[99] 1952년 공보처 통계국에서 발행한 『6 · 25사변 피살자명부』는 서천군에서 총 225명이 피살된 것으로 기록하고 있다.[100]

반면 희생규모에 대해서는 다르게 제시한 기록도 있다. 첫째로는 미 제2보병사단의 보고와 미 전범단 문서이다. 미 제2보병사단은 10월 2일과 3일 두 번에 걸쳐 280명이 서천등기소에서 죽었다고 보고하

---

96) 「김추현 진술조서」 3쪽. http://subway.seoul.go.kr/index_01.asp(검색일: 2008.1.21),『서울신문』(2006.2.22).

97) KWC 32, Exhibit D.

98) 「K 진술조서」 3쪽.

99) 『서천신문』(2007.2.15).

100) 구체적으로는 서천군에서 224명, 서천등기소에서 1명이 피살된 것으로 기록되어 있다. 김문기에 의하면, 사건 이후에도 또 학살이 있을까 두려워 등기소에서 사망했다고 신고하지 못하고 '병사'로 신고했다고 한다. 「김문기 진술조서」 4~5쪽.

였고[101], 미 전범단 문서는 1950년 10월 5일 제1군단 사령관이 미8군 사령관에게 서천에서 1950년 9월 27일 280명이 죽은 것으로 추정된다 는 무전을 보낸 사실을 보고받았다고 하였다. 280명이라는 수가 나오 게 된 근거에 대해서는 10월 9일 법무참모실 제2보병사단 본부의 보 고 내용에서 최초로 발견되는데, 그것은 서천 지역 주민들이 그렇게 말한다는 것이다.[102] 즉 미군문서에 나타난 280명이라는 수에 대해 서는, 주민들이 그렇게 말한다는 것 외에 제시된 근거가 없다.[103] 그 러나 주민들은 피해자들이 서천등기소에서 희생되었는지 대전형무 소에서 희생되었는지 정확하게 알지 못하는 경우가 많아 헷갈렸을 수 있다.

둘째로는 서천정치보위부원 이명식의 진술로, 그는 9월 27일 밤 270명의 정치범들을 이송시켜 등기소 창고에 가두어 불 질러 죽였다 고 진술하였다.[104] 그러나 위의 임완순의 진술에 의하면 27일에 등기 소로 수감자들이 한꺼번에 이송된 것이 아니며 그 전에 몇 차례에 걸 쳐 이송되어 27일 이전에 이미 190명이 감금되어 있었다. 따라서 이 명식의 진술은 실제 수감되었던 임완순의 진술과 달라 신뢰하기 어렵 다. 그가 말하는 270명에는 이송 중 탈출한 자나 학살 직전 풀어준 사

101) RG 407. G-2 Message File 913-1602, 2nd Inf Division. Oct. 1950.
102) 원문에 의하면 다음과 같다. "The local populace alleged that there were 280 victims." 여기서 'alleged'라는 표현은 명확한 증거에 근거한 것이 아닌 추정 에 의한 것임을 강조한 표현이라고 할 수 있다. KWC 32, Exhibit C.
103) 김기진에 의하면 미 전범단 통계수치는 액면 그대로 받아들이기가 힘들다 (김기진(2005) 183). 전범 전문가 Sahr Conway Lanz 역시 미국 측이 작성한 북한군 범죄에 관한 보고서는 그 용도가 상대방을 비판하기 위한 것으로 그 수치에 있어서 과장의 가능성이 있다고 진술하였다. Sahr Conway Lanz 초청 간담회, 2007년 8월 2일 진실화해위원회 대회의실.
104) KWC 32, Exhibit D.

람이 포함되었을 수 있다.

셋째, 판결문에는 360명이 희생되었다고 나와 있다. 판결문에 의하면 구재극은 9월 26일 360명을 불법체포하여 서천등기소 내에 감금하고 27일 오후 5시 수감자들을 소살할 것을 모의한 후 정치보위부로 하여금 27일 오후 12시경 전원을 소살하였다는 것이다. 그러나 체포나 소살의 시기도 실제와 다르게 되어 있으므로[105] 구재극이 언급한 희생자 수도 정확하다고 보기 어렵다. 360명은 대전으로 끌려간 서천주민 100여 명[106]이 더해진 수일 가능성이 있다.

그 밖의 서천경찰서 명부에는 189명의 신상이 기록되어 있으나 이는 신원이 확인된 사람만을 기록한 것으로 신원확인이 어려운 희생자를 포함한 전체의 숫자는 아니다.[107]

따라서 가장 신뢰할 수 있는 진술은, 당시 사건현장을 가장 가까이서 직접 경험하였던 탈출자 임완순과 나상우, 보초 정욱과 K의 진술이고 이들 진술을 종합하면 희생자는 약 240~250명 정도이다.

6. 가해 주체

서천등기소 사건을 포함하여 좌익에 의한 집단 학살은, 9월 중순

---

105) 위에서 본 바와 같이 미 전범단 기록 및 목격자의 진술에 의하면 학살시간은 27일 오전 1시이다.

106) 충남도청에서 1952년에 만든 대전형무소 희생자 명부인 「피화애국지사명록」을 보면, 서천거주 희생자는 모두 143명이나, 이 중에는 서천등기소에서 희생된 사람도 일부 중복되어 포함되어 있다. 반공애국지사유족회(2003) 280~285.

107) KWC 32, Exhibit D. 서천경찰서는 당시 집집마다 돌아다니며 희생자를 확인했다고 한다. 「이희만 진술조서」 4쪽.

이후 인민군에게 전세가 불리해질 때 노동당이 각 지방당[108]에 내린 지시에 의거한 것이다. 앞서 언급한 바와 같이 노동당은 인민군 전선사령부에 후퇴명령을 내리는 한편 각 지방당에 '유엔군 상륙시 지주(支柱)가 되는 모든 요소를 제거'하라고 지시하였고[109] 전선사령관 김책 대장은 1950년 9월 20일 각 지역에 '유엔군과 국방군에 협력한 자와 그 가족은 전원 살해'하고 '살해방법은 당에서 파견되는 지도위원과 협의하여 각급 당 책임자의 책임 아래 실행하라'[110]는 명령을 하달하였다. 따라서 지역별로 학살방법이 다양하다. 서천은 방화를 통한 소살이었고 대전은 총살해서 우물에 수장했으며 당진은 독살계획을 세웠으나 실패했다.

직접적 가해자는 KWC 32 문서에 의하면 11명으로, 그들은 이명식, 구재극, 기병기, 이구몽, 임관택, 정욱, 윤길병, 석동원, 김청화, 신근석, 강선양이다. 이는 서천경찰서가 이명식을 체포하여 자백받은 내용이다. 이중 북한에서 온 사람은 김청화, 석동원, 신근석이고 당 책임자 급은 서천군 남로당위원장 구재극이다. 소속별로 보면 11명 중 7명이 정치보위부 소속이고 나머지는 남로당위원장, 내무서 부서장, 세포위원 등이다. 남한 측 가담자의 자백에 의하면 등기소 학살에서

---

108) 한국전쟁 후 북한 측은 남한의 각 도와 중요 도시에 7, 8명의 당위원장과 도인민위원장 급의 당원을 파견했다. 일부의 군당위원장을 비롯하여, 해안 지역에는 면당위원장까지 북로당원이 장악했다(김동춘(2000) 139).

109) 김남식(1984) 455.

110) 이 명령문은 9월 28일 전북 옥구군 미면 신관리 192에 사는 인민위원장 겸 노동당 세포위원장이었던 조억연이 소지했던 것이다(안용현(1992) 357~358). 옥구군 미면의 경우, 학살은 '야간을 이용'하여 '즉시 실행'하고, '당원이 핵심체가 되어서 열성분자를 모아 학살조직체를 가질 것'이며 '학살방법에 대하여서는 분주소장과 연락하여 실행'하라고 지령을 받았다(대검찰청수사국(1975b) 61).

주된 역할은 북한 요원이 했다. 한편 판결문에 의하면 서천등기소 학살을 모의한 사람은 남로당위원장 구재극, 정치보위부장 이병제, 내무서장 장한성, 검찰소장(성명불상), 인민위원장 이구몽 등 5인이다. 학살의 집행은 정치보위부[111]에서 했다.

KWC 32와 판결문에서 모두 나타나는 가해자는 구재극 남로당위원장과 이구몽 인민위원장이다. 유족이나 목격자들도 구재극과 이구몽에 대해서는 들어본 바가 있다고 진술하였다. 또한 두 문서 모두 정치보위부의 적극 가담 사실을 나타내고 있다. KWC 32에 의하면 가해자 11명 중 7명이 정치보위부 소속이고, 판결문에 의하면 등기소 방화·학살의 집행은 정치보위부에서 했다. 따라서 학살의 결정은 당위원회에서, 학살의 집행은 정치보위부에서 했다고 할 수 있다.

이들의 이후 행적에 대해서는, KWC 32에 의하면 정욱과 이명식이 서천경찰에 의해 체포되었으며 감옥에서 병으로 사망했다. 강선양도 서천경찰에 의해 체포되었는데, 재판받기 위해 대전에 있는 충청남도 지방군검경합동조사반으로 넘겨졌다. 그는 이후 군사법정에서 재판을 받고 1951년 1월 27일 사형에 처해졌다.

당시 KWC 32는 그 밖의 나머지 가해자의 행방은 알 수 없다[112]고 하였으나 판결문[113]에 의하면 구재극은 이후 체포되어 사형에 처해졌

---

111) Ⅰ장에서 언급했듯이, 정치보위부는 내무성 정치보위국 산하기관으로 도·시·군·읍 단위로 구성되어 있었으며, 당 직속의 최고검찰기관이라고 할 수 있다. 내무서가 통상적인 경찰업무를 수행한 반면, 정치보위부는 정치범과 군사범에 대한 수사를 담당했다(서용선(1995) 60). 정치보위부는 북에서 내려온 정규요원과 지방의 좌익 정보원으로 구성되었으며, 남한의 반동분자 색출에 중심적 역할을 하였다(함평군사편찬위원회(1999) 『함평군사2』 67; 김동춘(2000) 158에서 재인용).

112) KWC 32, Exhibit D.

113) 구재극을 제외한 4명에 대해서는 빨치산 활동에 대한 내용은 있으나 서천

으며 이구몽은 빨치산 활동을 계속 했다.

　다음의 표는 KWC 32 문서, 판결문, 유족, 목격자, 마을주민 진술에 언급된 가해자와 관련된 내용을 정리한 것으로, 연번의 순서는 당, 인민위원회, 정치보위부, 내무서, 기타 순이다.

연번	이름	직책	이후 행적	문헌 자료	진술
1	구재극	서천군 남로당위원장	사형	KWC, 판결문	나상우, 백만구, 유승광
2	이금종	서천군 남로당부위원장	빨치산	판결문	
3	이구몽	서천군 인민위원장 서천 정치보위부 문화부원	빨치산	KWC, 판결문	나병준
4	이병제	서천 정치보위부장		판결문	
5	정욱	서천 정치보위부 총무부장 서천예비검속반원	옥사	KWC	최성진
6	이명식	서천 정치보위부 사회부장	옥사	KWC	
7	강선양	서천 정치보위부원	사형	KWC	
8	윤길병	서천 정치보위부원		KWC	
9	임관택	서천 정치보위부원		KWC	
10	김청화	서천 정치보위부 서천예비검속반원, 북한사람		KWC	
11	장한성	서천 내무서장		판결문	
12	기병기	서천 내무서부서장		KWC	
13	신근석	세포위원, 북한사람		KWC	
14	석동원	소속 미상, 북한사람		KWC	

　위 가해자에 대한 세부사항은 다음과 같다.

　등기소 희생사건에 관한 기록은 없다.

1) 구재극

구재극의 가해사실에 대해서는 KWC 32와 판결문을 통해 확인되었고, 마을 주민들도 그에 대해서 들은 바가 있다고 진술하였다.[114] 그는 서천군 남로당위원장이었으므로 노동당의 학살 지시를 받아 시행하는 총책임자였을 것이다. 그는 당시 40세였으며 본적 및 주소는 서천군 시초면 신곡리 185번지이다. 미 전범단은 그의 행방을 알 수 없다고 하였으나 판결문을 통해 그가 체포되어 사형되었음이 확인되었다. 판결문에 나타난 서천등기소 희생과 관련된 내용은 아래와 같다.

> 피고인 구재극은 (중략) (2) 동년 9월 26일 오전 9시경 도당(道党)의 지령에 의하여 군(郡)당위원장실에 정치보위부장 이병제, 내무서장 장한성, 군당부위원장 이금종 등을 소집하고 괴뢰군 패퇴에 대비, 애국자를 반동분자로 처단키 위하여 예비검색을 지령, 360명을 불법체포하여 서천등기소 내에 감금하고, (3) 동년 27일 오후 5시경 괴뢰기관철수지령을 수(受)하고, 내무서장실에서 피고인 이병제, 장한성, 검찰소장 모군, 인민위원장 이구몽 등이 회합, 전기(前記) 피체포자 등을 소살(燒殺)할 것을 모의 후, 정치보위부로 하여금 동일 오후 12시경 서천등기소 내에 휘발유를 살포 후 점화하여 그 전원을 소살하고[115]

위 내용 중 KWC 32 및 생존자 진술과 다른 점은 체포 및 희생 시기와 피살자 수이다. 우익인사 체포는 9월 26일 일시에 이루어진 것이

---

114) 구재극에 대해서는 향토사학자 유승광, 생존자 나상우, 신청인 백만구도 좌익이라고 진술하였다. 「백만구 진술조서」 5쪽; 「나상우 진술조서」 5쪽.
115) 한글표기, 띄어쓰기, 부호는 현대식으로 수정하였다.

아니라 그전부터 부분적으로 행해져왔다. 학살 시기는 KWC 32 및 생존자 진술에 의하면 27일 오전 1시이다. 위 판결문에서는 27일 오후 12시경으로 되어 있는데, 여기서 27일 오후 12시란, 그 전에 27일 오후 5시에 회합하였다는 진술을 참고해 볼 때 27일 자정 즉 28일 0시를 의미한다고 볼 수 있다. 따라서 판결문에 나타난 학살 시기는 KWC 32 및 목격자의 진술이 주장하는 27일 오전 1시와 약 하루 정도의 차이가 난다. 이는 피고인이 사건 발생 후 2년이 지난 시점에서 진술하였기 때문에 기억에 착오가 있었을 가능성을 고려해 볼 수 있다. 그러나 유족과 목격자들이 26일이 추석이었기 때문에 정확한 희생의 날짜와 시간을 기억하고 있다는 점을 생각할 때, 구재극의 진술의 오류는 어쩌면 그가 학살의 구체적 사실에 대해 정확히 알지 못했다는 점을 드러낸다고도 할 수 있다. 또한 구재극이 피살자 수를 360명으로 진술하였는데 이는 잘못된 수치이며 대전형무소로 보내진 피살자의 숫자를 포함한 것일 가능성이 크다.

2) 이금종

판결문에 의하면 이금종은 서천군 당부위원장으로, 학살 전날 군당위원장실에서 당위원장 구재극, 정치보위부장 이병제, 내무서장 장한성과 함께 우익인사를 체포하여 감금하는 일에 관여하였다. 그러나 학살 모의에 참여했다는 내용은 나오지 않았다. 사건 이후의 행적에 대해서도 판결문에 나타나는데, 그는 구재극, 최창연, 나문호, 이명칠, 구재무, 이구몽 등과 같이 1950년 9월 27일 오후 8시경 서천군 비인면 구복리 당원 채수황의 집에 모여 서천군 여맹위원장 이옥수, 노동당원 이용길, 박성연 등과 같이 대한민국치안대를 습격할 것을 공모하였다. 1951년 6월 23일 오후 5시경 보령군 미산면 쌍계리 아지트에서 본인 및 이명칠, 이구몽, 강원한, 임홍빈 등을 체포하러 온 서천경찰서 순경 최두섭 외 4명에게 미제 수류탄 1개를 투척하였다. 이러한 판결문 기록 외에 이후 그의 행적에 대한 문헌기록은 찾을 수가 없었다.

3) 이구몽

이구몽[116)]은 서천군인민위원회 위원장이며 서천 정치보위부 문화부원으로 밝혀졌다. 윤갑득의 진술에 의하면 그는 35세로 인민군 점령기간 동안 서천에 살면서 지역책임자로 있었다. 윤갑득은 그가 북한사람이라고 하였으나 이명식은 그를 북한사람으로 지목하지 않았다. 그에 관해서는 1948년 대전지법 판결문[117)]에도 나타나는데, 본적은 함경남도 북청군 신창면 토성리 1188번지이며 주소는 충청남도 서천군 한산면 원산리이다. 또한 1948년 당시 그는 남로당 서천군위원회 선전부 책임자였다. 인민군 점령 당시 그를 직접 만나본, 희생자 가족 나병준에 의하면 이구몽은 부여군 양화면 송정리 저수지의 토목기사로 추측되며 송정리와 한산면 원산리가 군계라서 부여에서 서천으로 지역 적화를 위해 침투한 것 같다고 하였다. 윤갑득이 그를 북한사람이라고 생각한 것은 그가 당시 서천군에 거주하지 않았기 때문일 수 있다. 나병준은 이구몽의 정확한 직책은 알 수 없었으나 높은 계급으로 지역 책임자 같았으며 영향력이 있는 사람인 듯했다고 하였다.

---

116) KWC 32 문서의 Synopsis, Exhibit C, Exhibit D에 이구몽에 대한 기록이 나오는데, 이구명(Lee Ku Myong), 이구뭉(Lee Ku Mung), 이구몽(Lee Koo Mong) 등으로 표기되어 있으나 직책이 서천군인민위원장이라고 되어 있으므로 판결문과 주민진술에서 드러난 이구몽과 동일인으로 판단된다.

117)「대전지방법원홍성지원 1948. 11. 5 선고 형공 제357호 판결(피고인 이구몽)」.

나병준은 당시 잡혀간 자신의 아버지[118]를 만나기 위해 한산분주소에
갔다가 그곳에서 이구몽을 만났으며 그가 아버지에 대해 묻자 이구몽
은 자신들이 해치러 온 사람이 아니라고 안심시켰다고 한다.[119]

  KWC 문서에 의하면 이후 이구몽은 게릴라로 활동하였다고 했는데
판결문을 보면 이후 그의 활동에 대한 구체적인 내용이 나온다. 즉 그
는 다른 좌익들과 함께 1950년 9월 27일 오후 8시경 서천군 비인면 구
복리에 모여 치안대 습격을 공모한 후 9월 30일부터 보령과 서천의
산악지대를 전전하다가 10월 초순경 보령군 미산면 쌍계리와 서천군
문산면 지원리에서 아지트를 구축하여 숨어 지냈다. 그러던 중 가진
돈 350만원이 전부 떨어지자 강도할 것을 모의하였다. 1951년 6월 23
일 오후 5시경 서천경찰서 최두섭 순경 외 4명이 보령군 미산면 쌍계
리 아지트에서 이구몽 등 5명의 좌익을 체포하려 하자 그들은 순경
등을 향해 미제 수류탄 1개를 투척하여 폭발케 했다. 이러한 판결문
의 기록 외에 이구몽에 대한 이후 행적에 대해서는 밝혀진 것이 없다.

  4) 이병제

  판결문에 의하면 이병제는 서천군 정치보위부장으로, 학살 전날 군
당위원장실에서 당위원장 구재극, 내무서장 장한성, 군당부위원장 이
금종과 함께 우익인사를 체포하여 감금하는 일을 모의했고, 학살 당
일에는 내무서장실에서 구재극, 장한성, 검찰소장, 이구몽과 함께 감
금한 우익인사들을 소살(燒殺)할 것을 모의하였다. 이후 그의 행적에
대한 문헌기록은 찾을 수가 없었다.

---

118) 대전형무소 희생자이다.
119) 「나병준 진술조서」 6쪽.

5) 정욱

정욱의 가담사실은 KWC 32에 의해 확인되었다. 등기소 사건 이후 정욱은 보령군에서 서천경찰서 형사에 의해 체포되어[120] 1950년 11월 3일에 가담사실을 자백했다.

그 내용에 따르면 자신은 남로당원으로 인민군 점령기간동안 서천 정치보위부 총무부장이었으며[121] 서천에서 200명이 넘는 공무원들을 체포하여[122] 서천등기소 창고에 가두었고 1950년 9월 27일 보초에게 창고 주변에 장작을 쌓으라고 지시한 다음 장작 위에 휘발유와 석유를 붓고 불을 붙였다는 것이다.

기록에 의하면 정욱은 이후 정식 재판을 거치지 않고 경찰에 의해 죽었다. 미 전범단은 1951년 5월 13일 조사반장인 이영진 서천경찰서 경감을 면담하였는데 그는 최근에 서천으로 왔기 때문에 이 사건에 대해 아는 바가 없으며 최정호 형사가 여기 오랫동안 있었다고 진술했다. 이에 전범단은 최정호 형사와 면담했는데 그는 처음에는 정욱, 이명식, 김동오가 대전 검찰합동조사부로 이송되어 그곳에서 처형되었다고 진술하였다. 그러나 그는 점심시간 동안 통역가 김진형과 단

---

120) KWC 32, Exhibit D에 의하면 정욱은 Polyang군에서(날짜 미상) 서천경찰서의 성명불상의 형사에 의해 체포되었다. 이때 Polyang군은 보령군을 지칭한 것으로 판단되는데 그 이유는 판결문에 의하면 구재극, 이구몽, 이금종 등 서천등기소사건 관련자들이 1950년 10월 초순 보령군에 아지트를 구축하였다는 기록이 있기 때문이다.

121) 이명식은 그가 정치보위부 서천예비검속반원이라고 했고 윤갑득은 등기소 창고 보초라고 했으며 최정호는 서천정치보위부 종교부장이라고 했다. KWC 32, Exhibit C, D.

122) KWC 32, Exhibit D에 의하면, 원용필은 1950년 9월 24일 정욱에 의해 체포되어 서천경찰서 감옥에 감금되었다고 진술하였다. 신청인 최성진 역시 정욱이 좌익이라고 들어본 적이 있는 것 같다고 진술하였다. 「최성진 진술조서」 7쪽.

둘이 있게 되자 자신이 이것을 말했다고 하지 말라고 전제하면서 정욱, 이명식, 김동오는 대전으로 이송되지 않고 지역경찰에 의해 처형된 것 같다고 하였다. 이에 미 전범단이 1951년 5월 19일 서천경찰서 조사반장 이영진 경감을 다시 면담하여 이들의 소재를 물으면서 대전형무소에서 정욱, 이명식, 김동오란 사람들이 수감자였다는 사실이 밝혀지지 않았다고 말하자, 이 경감은 실수가 있었다고 하면서 정욱, 이명식은 서천경찰서 감옥에서 죽었다고 진술하였다. 또한 김동오에 대해서는 최정호 형사가 잘못 말한 것이라고 하면서 그는 학살에 참여하지 않았다고 하였다. 그러나 김동오 역시 경찰에 의해 체포되었으며 이후 행방은 모른다는 박흥순의 진술이 있다.[123]

서천경찰서 측은 미 전범단에 정욱이 1950년 11월 17일 23시에 서천경찰서 감옥소에서 폐렴으로 죽었다는 사망확인서(의사 신동옥 서명)를 보여주었다.[124] 이에 전범단은 1951년 5월 19일 의사 신동옥을 면담하였다. 그는 정욱과 이명식이 죽기 전 검진하였는데 둘다 병이 심각한 상태였으며, 죽은 후에도 검사하였고 서천경찰서에서 사망확인서를 작성했다고 진술했다. 그는 덧붙여, 다른 수감자들도 감방내의 높은 습도와 변변치 못한 음식으로 인해 사망했다고 말했다.

6) 이명식

이명식의 가담사실은 KWC 32에도 기록되어 있다. 이명식은 서천경

---

123) 「박흥순 진술조서」 6쪽. 진술조서에는 김동호라고 기재되어 있으나 2008년 1월 28일 전화면담 결과 김동오를 잘못 기재한 것이라고 진술하였다. 또한 그는 김동오가 좌익이 확실하다고 말했다.

124) KWC 32, Exhibit D.

찰에 의해 체포되어 1950년 10월 27일에 가담사실을 자백하였다. 그 내용에 따르면 그는 1950년 7월 17일부터 1950년 8월 중순까지 남로당 원으로, 1950년 8월 중순부터 1950년 8월 말까지 서천내무서 인사부장 으로, 1950년 9월 1일부터 인민군 후퇴 시까지 서천 정치보위부원[125] 으로 있었다. 정치보위부원으로 있는 동안 그와 윤길병은 9명의 우익 인사를 체포하였으며 1950년 9월 27일 밤 서천경찰서 감옥에서 등기 소 창고까지 270명의 정치범들을 도보로 이동시켰다. 그곳에서 그는 건물 안에 수감자들을 가두고 잠근 다음 휘발유와 석유를 뿌린 장작 을 건물 주변에 쌓고 불을 붙였다.[126]

앞서 언급한 바와 같이 이명식은 정욱과 마찬가지로 정식 재판을 거치지 않고 경찰이 처형하였다는 최정호 형사의 진술이 있다. 서천 경찰의 사망확인서에 의하면 이명식은 서천경찰서 감옥에서 1950년 11월 19일 22시에 늑막염[127]으로 죽었으며 의사 신동옥이 확인하고 서명하였다. 전범단이 신동옥을 만나 이명식의 사망에 대해 알아본 바에 의하면 전술한 바와 같이 죽기 전 이명식의 병이 심각한 상태였 다고 한다.

7) 강선양

강선양의 가담사실은 KWC 32에도 기록되어 있다. 그는 1950년 12 월 17일 서천치안대원 조만필에 의해 체포되었는데, 그는 서천 정치 보위부원으로 많은 남한 애국자를 체포했다고 자백했다. 이후 그는

---

125) 최정호의 진술에 의하면 이명식은 서천정치보위부 사회부장이었다. KWC 32, Exhibit D.
126) KWC 32, Exhibit D.
127) 문서에는 plurosy로 되어 있으나 pleurisy(늑막염)를 표기한 것으로 판단된다.

대전에 있는 충청남도군검경합동조사반으로 이송되었으며 군사법정
에서 재판을 받고 1951년 1월 27일 사형에 처해졌다. 미 전범단은
1951년 5월 27일 충청남도 보안사령관 오광선[128] 대령과의 면담하였
는데, 그에 의하면 충청남도군검경합동조사반은 해산되었고 강선양
에 대해서는 아는 바가 없으며 모든 서류는 대구에 있는 육군본부로
옮겨진 것으로 안다는 것이었다.[129]

8) 윤길병

윤길병의 가담사실은 KWC 32에 기록되어 있다. 그는 서천 정치보
위부원으로 이명식과 함께 9명의 우익인사를 체포하였다. 그의 이후
행적에 대한 문헌자료는 나타나지 않았다.

9) 임관택

임관택의 가담사실은 KWC 32에 기록되어 있다. 그는 서천 정치
보위부원이며 잡히지 않았고 이후 행적에 대한 자료는 나타나지 않
았다.

10) 김청화

김청화의 가담사실은 KWC 32에 기록되어 있다. 그는 북한사람으로
정치보위부 서천예비검속반원이었으며 이후 행적에 대한 자료는 나
타나지 않았다.

---

128) 문헌에는 광선오(Kwang Sun O) 또는 광 대령(Colonel Kwang)이라는 표현을
　　 쓰고 있으나 오광선 대령인 것으로 판단된다.
129) KWC 32, Exhibit D.

11) 장한성

장한성의 가담사실은 판결문에 기록되어 있다. 판결문에 의하면 그는 서천 내무서장으로, 학살 전날 구재극, 이병제, 이금종 등과 함께 우익인사를 체포하여 서천등기소 내에 감금하였다. 학살 당일에는 구재극, 이병제, 검찰소장, 이구몽 등과 모여 체포자들을 소살할 것을 모의한 후, 정치보위부로 하여금 서천등기소에 휘발유를 뿌리고 점화하여 수감자들 전원을 소살시켰다. 그의 이후 행적에 대한 문헌자료는 나타나지 않았다.

12) 기병기

기병기의 가담사실은 KWC 32에 기록되어 있다. 그는 서천내무서 부서장이었으며 이후 행적에 대한 문헌자료는 나타나지 않았다.

13) 신근석

신근석의 가담사실은 KWC 32에 기록되어 있다. 그는 북한사람으로 세포위원이었으며 이후 행적에 대한 문헌자료는 나타나지 않았다.

14) 석동원

석동원의 가담사실은 KWC 32에 기록되어 있다. 그는 북한사람으로 소속을 알 수 없으며 이후 행적에 대한 문헌자료는 나타나지 않았다.

III. 대전 집단학살사건*

    한국전쟁 발발 후 인민군 점령기간 중 좌익에 의한 집단학살 사건과 관련하여 가장 널리 알려진 사건은 대전 집단학살사건(The Taejon Massacre)이다. 치너리는 이 사건에서 5,000명에서 7,500명이 사망했다고 하면서 이 사건을 난징학살사건이나 바르샤바게토 봉기사건 만큼 비중있게 역사에 기록되어야 할 것으로 여기고 있다.[1] 그럼에도 불구하고 이 사건이 학술적으로 심층 있게 연구된 적이 없다. 이 사건과 관련된 글이나 저서들은 주로 언론사, 반공단체, 종교단체에 의해 쓰여진 것들로서, 목격자나 생존자의 증언들을 단순 소개하는 데에 그치거나 기존의 주장들을 되풀이하고 있다. 이 사건과 관련된 가장 최근 저서인『목동 성당 박해와 성직자 순교약사』에서는, 이 사건에서 총 몇 명이 어떻게 학살되었는지, 학살이 하루 밤새 한꺼번에 이뤄졌는지 며칠에 걸쳐 이뤄졌는지, 인민군은 어떤 방식으로 학살했는지

---

* 이 장은 진실화해를위한과거사정리위원회의『2008년 하반기 조사보고서』중 "대전지역 적대세력 사건"과 필자의 논문 "한국전쟁 시기 좌익에 의한 대전집단희생사건의 과정과 규모: 기존문헌에 대한 비판을 중심으로"(『평화학 연구』 9권 3호, 2008)의 내용을 수정 보완한 것이다.
1) Chinnery(2000) 45.

아직 규명되지 않은 상태라고 쓰여 있는 것을 볼 때, 본격적인 연구가 필요한 상황이다.[2]

따라서 이 장에서는 대표적 좌익에 의한 학살이라고 여겨지는 대전 학살사건의 실제 희생규모를 밝히고 기존에 주장되어 온 과장된 규모가 근거하고 있는 수치의 문제를 지적하고자 한다. 학살방법에 있어서도 산 사람을 우물에 수장했다거나 산 사람을 생매장했다고 하는 과장된 기존 주장을 재검토하고자 한다. 또한 대전형무소 등 수감 장소에서 실제로 어떠한 처우가 행해졌는지, 학살이 발생한 원인이 무엇인지 보고자 한다.

1. 기존 문헌의 문제

앞서 치너리를 포함하여 기존 문헌에는 대전에서 수천 명이 좌익에 의해 학살된 것으로 서술되어 있다. 그러나 좌익이 아닌 미군, 군경, 우익에 의한 학살이거나 또는 좌우이념과 관계없는 학살에 의한 희생자 수가 좌익에 의한 학살 규모에 포함되어 계산될 가능성이 있다는 점이 고려되어야 한다. 예를 들면 카다르(J. Cadars) 신부는 미군이 대전에서 철수하기 직전 남한 경찰이 1,700명의 죄수들을 목동 성당 부근 숲에서 총살했다고 증언했는데,[3] 이 지역은 9월 말 인민군이 후퇴하기 직전 우익인사 수백 명이 학살된 곳으로 알려져 있다. 따라서 좌우익 희생자들의 시신이 섞였을 가능성이 있다. 미군 비행기의 폭격

---

2) 목동 성당박해와순교사연구위원회(2007) 145~146.

3) 박명림(2002) 322~323. 미군 필립 딘은 1950년에 포로로 북한에 이송된 후 카다르 신부를 만나 위와 같은 진술을 들었다고 했다.

에 의한 희생자도 큰 수를 차지하는데, 특히 대전은 비행기 폭격이 무수히 있던 곳으로, 좌익에 의해 학살이 저질러졌던 장소 중 하나인 용두산에도 폭격이 계속 있었다. 9월 학살 직전 석방된 최익원은 학살 당일도 미군기 3대가 날아와 학살지역인 용두산 일대를 폭격했다고 했다.[4] 따라서 비행기 폭격에 의해 좌우익 희생자 시신이 섞이거나, 폭격에 의한 사망자가 좌익에 의한 희생자 수에 포함되었을 가능성도 있다.

대전사건과 관련해서 가장 중요한 문서는 서천등기소 사건과 마찬가지로 KWC 문서이다. 이 문서는 희생자 신원이 좌우를 가릴 수 없는 상황에 대해 신중하게 고려하지 않고 조사한 것이므로 그 내용은 과장된 것도 많다. 따라서 보고서의 내용을 그대로 취할 것이 아니라 보고서가 참조한 여러 증인들의 진술서를 면밀히 분석하여 사실을 밝히는데 활용하는 데에 그치도록 해야 한다. 실제로 대전사건의 경우에도 KWC 보고는 5,000명에서 7,000명까지 희생자 수를 추정하고 있으며 이 자료를 인용한 저서들과 글들은 그대로 이 결론을 되풀이하고 있다. 이러한 보고서는 앞서 언급했듯이 기본적으로 정치적일 수밖에 없다. 즉 보고서가 진실을 밝히려는 노력의 결과라기보다는 상대를 공격하기 위한 목적으로 쓰였겠다. 전범 전문가 란쯔(Sahr Conway Lanz)는 미국 측이 작성한 북한군 범죄에 관한 보고서는 그 용도가 상대방을 비판하기 위한 것으로 그 수치에 있어서 과장의 가능성이 있다고 말했다.[5]

대전사건과 직접적으로 관련된 문서는 KWC 28A, 28B, 28C이며, 부

---

4) 우종창(2000) 275.
5) 2007.8.2 진실화해위원회 간담회.

분적으로 관련된 문서는 KWC 132, 495, 748, 1062, 1258, 1312, 1355, 1451, 1507이다. KWC 28A는 대전경찰서에 포로로 수감되어 있던 미군과 국군·경찰의 희생에 대해 조사한 보고서이다. 이 보고서에는 총살에 참여했던 인민군 송홍범, 생환자 웨이넬(Weinel), 강학규, 이종균, 목격자 박동규, 슐티스(Shultice), 이범일의 진술서 및 미군포로 명부, 시신 사진 등이 포함되어 있다. KWC 28B는 대전형무소 희생사건에 대한 조사보고서이다. 생환자 안봉석, 윤옥동, 손병길, 가해자 문병호, 목격자 이충순, 김경수, 김익수의 진술서 및 시신 사진이 이 보고서에 포함되어 있다. KWC 28C는 대전형무소 및 목동 성당 희생사건에 대한 조사보고서이다. 생환자 탁재호, 이권석, 목격자 이서용, 이택우, 호순철, 펫코프(Petkoff)의 진술서 및 시신 사진이 이 보고서에 포함되어 있다.

둘째로, 대전사건과 관련해서 각종 명부를 참고할 수 있다. 우선 충남도청에서 1952년 작성한 『피화애국지사명록』이 있다. 이 명부는, 가매장되어있던 대전형무소 피해자의 유골을 수습하기 위해 1952년 초 진헌식 충남도지사가 중심이 되어 조직된 '애국지사합동장의추진위원회'에서 발간한 『애국지사합동장의취지서』에 수록되어 있다. 이 명부에는 대전에서 희생된 사람 중 692명의 신원이 파악되어 등재되어 있다.[6] 이 「명록」이 포함된 "애국지사합동장의취지서"는 서울고법 제6특별부에 의해 "발간취지 및 경위, 조사·기재된 내용의 정도, 발간연도, 당시에는 법[7]이 아직 시행되기 전인 점 등을 고려할 때 특별

---

6) 당시 논산에 거주했던 신청인 고석홍은, 부친이 대전에서 사망한 다음 해에 대전도청 직원이 집으로 와서 어머니에게 부친 사망관련 내용을 듣고 돌아갔다고 했다. 「고석홍 신청인 진술조서」.
7) 국가유공자예우에 관한 법을 의미함.

히 그 기재가 허위라거나 이를 믿기 어려울만한 사유를 찾아보기 어렵"8)다고 판단된 책자로, 이 명부에 등재된 경찰관 김정배의 유족 김희자가 1999년 3월 9일 국가보훈처로부터 국가유공자 유족증을 발급받은 바 있다. 이 『피화애국지사명록』은 반공애국지사유족회에서 2003년에 발간한 『우리의 자유를 지킨 사람들』에 재수록되었는데 1952년 판에 11명이 추가되고 1명이 제외되어 총 702명이 등재되어 있다. 추가된 11명은 2000년 유족회가 자체적으로 구성한 심의위원회에서 조사·확인하였다고 한다.9)

대전뿐 아니라 전국 단위의 희생자 관련 자료로는 1952년 공보처 통계국에서 작성한 『6·25사변 피살자 명부』가 있다. 이 명부에는 760명이 대전형무소 또는 대전(대덕군 포함)에서 희생된 것으로 기록되어 있다. 이 명부는 좌익 학살 규모에 자주 인용되는 정부의 공식 자료이지만 명부에 기록된 희생자 정보들은 사실과 다른 부분이 종종 있다. 이 명부는 정부가 좌익에 의한 희생자를 파악하기 위해 전국적으로 조사하여 1952년에 발간한 것인데 면밀한 심사를 거쳐 작성된 것이 아니라서 실제 희생자가 빠지기도 하고 월북자가 포함되기도 하였다.10) 희생자 가족인 김진호는, 『6·25사변 피살자 명부』

---

8) 「서울고등법원 제6특별부 1999.2.9 판결선고(사건번호 98누11108, 피고인 서울지방보훈청장)」. 김희자는 자신의 부친 김정배가 경찰공무원으로 1950년 9월 27일 대전형무소에서 인민군에 의해 학살되었으므로 국가유공자에 해당한다는 이유로 1997년 6월 19일 서울지방보훈청에 유족등록신청을 하였으나 보훈청은 김정배가 경찰공무원이었다는 점을 인정할만한 객관적인 자료가 없다는 이유로 이를 거부하였다. 이에 김희자는 소송을 제기했고 서울고등법원은 "애국지사합동장의취지서"에 대한 검증결과 김정배가 경찰공무원이었다고 인정할 수 있으므로 보훈청에 대해 국가유공자유족등록신청거부처분을 취소하도록 주문했다.

9) 이상열 반공애국지사유족회 사무처장 면담(2008.7.24).

10) 진실화해를위한과거사정리위원회(2008a) 214.

에 희생자인 자신의 부친이 빠져있는가 하면 월북한 사람이 포함되어 있다고 진술하였다.[11] 통계청 소속의 이원상은 당시 피살 및 피랍 여부를 동사무소 직원을 통해 조사한 것으로 그 명단에 월북자가 포함될 가능성이 있다고 말했다.[12] 월북의 경우 본인이 자원하여 북으로 간 것이고 납북의 경우 강제로 납치되어 간 것이지만 실제로 이 둘을 명백히 구분하기 어려울 때가 있다. 가족들의 주장은 납북이지만 실제로는 월북인 경우도 많기 때문이다. 월북했다고 하면 그 남은 가족들이 겪는 고초가 막심하므로 대체로 가족들은 납북되었다고 하거나 학살되었다고 하는 경우가 종종 있다. 실제로, 북한군과 싸우겠다고 집을 나간 사람에 대해 가족이 생사확인을 요청했는데 조사결과 북한에서 살아있음을 확인한 적도 있다. 북한에 있는 가족을 상봉한 다른 이산가족에 의해 그 사람이 북한에서 살아있음을 확인한 것이다. 또한 피랍과 관련해서는 『6·25사변 피랍치자 명부』가 있는데 시신을 찾지 못한 경우 피랍자로 신고하는 경우가 있으므로 간혹 학살된 사람들이 등재되기도 한다. 실제로 피랍치자 명부에 대전지역 희생자 45명이 등재된 것이 확인되었다.

「순국청년반공운동자명부」란 명부에서는 212명이 대전형무소 또는 대전에서 희생된 것으로 기록되어 있다. 이 명부는 1963년 1월 28일 청우회 및 내무부가 합동으로 자료를 수집, 조사하여 1964년 1월 5일에 완성한 것으로 총 10,625명의 명단이 기록되어 있다.[13] 「5603위 무명용사명부」도 있는데 이는 사건의 조사과정 중 전직 향군신문 기자 나상찬이 제출한 자료로서, 이 명부는 1960년대 국방부에서 군번 없

---

11) 「김진호 진술조서」 5쪽.

12) 이원상 면담(2007.5.28).

13) 대한민국건국회 사이트(www.kkk60.kr) 건국유공자 현황 참조.

이 참전했다가 사망한 5,603명의 성명, 사망지, 당시 주소, 사망경위, 유가족의 수와 주소지를 기록한 것이다. 사망자들은 지원 당시 연령 미달이었거나, 학도병이었더라도 군번을 받지 못한 지원병들이라고 한다. 나상찬은 정기범 소령에게서 명부 중 충남 지역 사망자 571명의 명단을 받아 필사하여 보관했다고 한다.14)

세 번째로, 대전사건을 직접 체험하거나 목격한 다수 증인들의 진술들을 실은 글과 저서들이 참고 되었다. 우종창 기자가 『월간조선』 2000년 6월호에 쓴 「1950년 여름, 대전형무소를 휩쓴 광기」, 반공애국지사유족회가 2003년에 발간한 『우리의 자유를 지킨 사람들』, 목동 성당박해와순교사연구위원회가 2007년에 발간한 『목동 성당 박해와 성직자 순교약사』, 송효순이 1979년에 쓴 『붉은 대학살』 등이 그것이다.

우종창의 기사는 대전형무소 및 목동 성당 집단희생과 관련하여 가장 많이 인용되는 글로서, 이후의 대전지역 희생에 관한 글들은 대체로 이 글의 사실 규명 수준을 크게 넘지 못하고 있다. 이 글은, 1950년 10월 3일 대전형무소에 복귀하여 시신 수습 작업을 지휘한 특경대장 이준영, 형무소에 수감되었다가 희생현장에서 생환한 보령경찰서 경찰관 이갑산, 당시 형무소 우물 시신 수습 작업을 했던 대전지역 주민 안귀종, 정치보위부 건물인 프란치스코 수도원에 수감되었다가 희생 직전 석방된 충남도지사 비서 최익원의 체험을 소개하고 있다.

『우리의 자유를 지킨 사람들』은 한국전쟁 50주년 기념으로 '반공애국지사유족회'에서 출판한 책으로, 클라크 대장의 UN 제출 보고서, 이

---

14) 「나상찬 진술조서」.

갑산의 증언록인 「덤의 인생, 집념 불사르며」가 수록되어 있으며 1951년 12월 당시의 '애국지사합동장의 추진위원회' 관련 기록들, 특히 증보된 대전희생자 명부인 「피화애국지사명록」이 포함되어 있다.

『목동 성당 박해와 성직자 순교약사』는 대전교구 설정 60주년 기념으로 출판된 책으로, 2007년 대전 교구가 한국교회의 근현대사, 특히 한국전쟁 희생자들에 관한 기록 확보를 위해 개시한 "대전교구 근현대사 수난사 관련 조사"가 바탕이 되어 쓰였다.[15] 이를 위해 목동본당 박해와 순교사 연구위원회(위원장 전인석)가 조직되어 당시 희생과 관련된 기록이 수집되고 목격자들이 조사되었다. 이 책에는 전쟁 당시 정치보위부에 끌려가 심문당했으며 이후 희생된 시신들을 목격한 성당 교리교사 최복련과, 마찬가지로 시신을 목격한 신자 최정락, 김윤배의 진술이 실려 있다.

『붉은 대학살』은 육군헌병사령관 및 육군사단장을 역임한 저자 송효순 자신이 군에서 직접 겪은 경험과 대전, 대구, 여수, 순천, 제주도, 서울, 정읍, 울진, 삼척 등의 희생현장을 답사하여 수집한 당시 증인들의 진술과 기록들을 토대로 하여 쓰여졌다. 이 책은 소설적 형식을 띠고 있으며 확인되지 않은 점이 있으나, 내용은 다른 기록들과 일치한 부분이 많았으며, 전체 희생 규모는 과장되어 있으나 구체적인 희생 장소에서의 사망자 수치 등은 정확한 편이었다.

위의 자료들에 나타난 사건 장소 및 생환자, 가해자, 목격자들을 표로 정리하면 다음과 같다.

---

15) 목동 성당박해와순교사연구위원회(2007) 발간사 참조.

관련 문헌	사건 장소	생환자	가해자	목격자
KWC 28A	대전경찰서 및 대전형무소	웨이넬, 강학규, 이종균	송홍범	박동규, 슐티스, 이범일
KWC 28B	대전형무소	안봉석, 윤옥동, 손병길	문병호	이충순, 김경수, 김익수
KWC 28C	대전형무소 및 목동 성당	탁재호, 이권석		이서용, 이택우, 호순철, 펫코프
『월간조선』 2000. 6	대전형무소 및 목동 성당	이갑산, 최익원		이준영, 안귀종
『우리의 자유를 지킨 사람들』	대전형무소	이갑산		
『목동 성당 박해와 성직자 순교약사』	대전형무소 및 목동 성당			최복련, 최정락, 김윤배

이러한 자료들과 목격자의 진술을 종합하여 발간된 단행본의 경우에는 이러한 자료들이 갖고 있는 오류가 여과되지 않은 채 자료의 내용이 그대로 반복해서 주장되고 있다. 앞서 인용한 치너리의 *Korean Atrocity*를 보면 저자는 대전학살의 규모를 KWC 자료를 인용하여 그대로 5,000명에서 7,000명이 사망한 것으로 쓰고 있다. 국내의 대전학살사건과 관련된 공식 기록이나 기념비에도 사실보다 과장된 학살규모가 그대로 기록되어 있다. 예를 들면, 우선 대전광역시사편찬위원회가 발간한 『대전100년사』에는 "2,000여 명의 반공인사들을 대전형무소에 투옥시켰다가" "6,832명이 학살되었다고 한다"라고 되어 있다.16) 법무부가 발간한 『한국교정사』에도 "2,000여 명의

16) 대전광역시사편찬위원회(2002) 1482.

반공인사들을 대전형무소에 투옥시켰다가" "학살방법도 매우 끔찍하여 쇠망치로 머리를 쳐서 죽이고, 구내 온상의 밭고랑에 사람을 일렬로 세워놓고 총살하기도 하고, 구덩이를 파고 집단으로 생매장하는 만행을 저지르기도 하였다"[17]라는 사실무근의 내용이 실려 있다. 대전광역시 향토사료관 홈페이지의 대전형무소 망루에 관한 소개에서도 "연합군에 쫓기는 북한군이 1,300여 명의 양민을 포함 6,000여 명을 무참하게 학살"[18]했다고 되어 있으며, 한국자유총연맹 대전광역시지회가 만든 대전형무소 우물 안내판에는 "반공애국지사 1,300여명을 이러한 네 개의 우물에 생수장"시켰다고 사실과 다르게 기록되어 있다. 대전형무소 우물은 좌익에 의한 학살과 관련하여 널리 알려진 학살 장소인데, 증언을 분석해보면 실제로는 약 261명이 형무소 우물 두 곳과 근처 프란치스코 수도원 우물 한 곳에서 총살되어 수장되었다.[19]

이러한 과장된 결론은 수정되어야 한다. 그러기 위해 KWC 문서 및 대전 사건을 다루고 있는 기존의 글과 저서들을 다시 검토하여 그 글이 제시하고 있는 결론이 아닌 그 글들이 참고한 여러 증언들을 분석해서 다른 결론을 내릴 필요가 있다. 예를 들면 앞서 언급했듯이 KWC 문서는 미 전범단의 보고서와 더불어 전범단이 참조한 여러 목격자, 가해자, 생존자의 진술서들을 포함하고 있는데 그러한 진술서의 내용을 면밀히 분석해보면, 보고서의 결론과는 전혀 다른 결론이

17) 한국교정사편찬위원회(1987) 515.
18) http://museum.metro.daejeon.kr/new(검색일: 2008.11.1).
19) 대전형무소 우물 두 곳에서 171명, 수도원 우물 한 곳에서 90여명이 희생되었다(송효순(1979) 295; 호순철, 「청취서」(1953.4.6), KWC 28C, 이서용, 「청취서」(1953.4.4) KWC 28C).

가능하다는 것을 알 수 있다. 또한 여러 목격자의 진술을 담고 있는 국내의 글과 저서들의 경우에도 마찬가지로, 포함되어 있는 진술과 수치를 분석하면 다른 결론이 가능하다.

필자는 자료 검토 외에 많은 관련자를 만나 면담했다. 우선 진실화해위원회에 조사를 신청한 사람들과 면담했고 그들의 진술이 정확치 않은 경우 피해내용을 잘 알고 있는 친인척을 면담하여 피해내용을 파악하였다. 이러한 면담을 통해 피해자가 실제로 끌려가게 된 과정과 대전형무소에서의 희생 사실 유무, 시신수습 유무를 확인하였다. 둘째, 사건을 직접 체험, 목격하거나 또는 그러한 사람으로부터 사건에 대해 전해들은 사람들을 면담하였다. 특히 앞서 언급한 생환자 이갑산을 면담하여 기존 기록에 언급되지 않은 다른 구체적인 희생 사실을 파악하였다. 이갑산은 진실규명 신청인으로 대전형무소 생환자 중 현재 유일하게 생존해 있는 인물로 알려져 있다. 그의 생환 경험에 대한 진술은 『붉은 대학살』, 『월간조선』 2000년 6월호, 『우리의 자유를 지킨 사람들』에도 실려 있다. 이 밖에, '대전 목동 성당 박해와 순교사 연구위원장' 전인석을 면담하여 목동 성당, 프란치스코 수도원, 대전형무소 사건에 관해 그동안 연구 · 조사된 내용을 들었으며, 목동 성당 희생사건에 대해 오랫동안 조사를 하고 자료를 모아온 김윤배[20]를 면담하여 사

---

20) 대구 교구청에서 일하다가 현재는 순교사 자료 발굴에만 전념 중이며 『대전 교구 60년사』 편집위원으로 활동 중이다(목동 성당박해와순교사연구위원회 (2007) 126).

건에 관해 듣고 관련 자료 및 사진을 전달 받았다.

2. 대전의 상황

대전에서 큰 학살사건이 발생한 것은 대전이라는 지리적 위치와 관련
이 있다. 대전은 1932년 이래 충남의 도청소재지로서 1950년 당시 인구
13만이었고 남한에서 네 번째로 큰 도시였다. 또한 경부, 호남의 양 철
도의 분기점이 될 뿐 아니라 5개의 간선도로가 방사선형으로 교차되는
교통의 요지였다.[21] 따라서 한국전쟁 발발 후 한미 양국은 남한 전역으
로 뻗은 도로망과 철도망의 중심인 대전을 잃을 경우 작전상 큰 타격을
받을 것이라는 것을 잘 알고 있었기 때문에 대전방어에 진력했다.[22]

전쟁 발발 후 이틀 뒤인 6월 27일 이승만 대통령이 대전에 피난 왔
고[23] 정부 각료, 국회의원들도 대전에 내려왔다.[24] 자신들은 정작 일
찌감치 내려오면서 방송으로 국민들에게 안심하라고 하고 또 한강다
리도 끊어 많은 이들이 피난을 못가 화를 당했다. 화를 간신히 모면한
주민들은 수복되자 다시금 왜 피난을 가지 않았느냐, 좌익에 협조했
냐며 또 이후 우익에게 고초를 당했다. 그때 차라리 가난한 사람들은
소문만 듣고 피난을 갔으나 부자들은 집에 라디오가 있어 정부의 말
만 듣고 피난가지 않아 화를 당했다고 한다.

당시 이승만의 요청으로 국민을 안심시키는 방송을 하고 애국시를

---

21) 한국교정사편찬위원회(1987) 515.
22) 대전광역시사편찬위원회(2002) 905.
23) 대전광역시사편찬위원회(2002) 904.
24) 중앙일보사(1985a) 272.

지어 국군의 사기를 높인 모윤숙의 예를 들어보자. 서울을 내놓지 않을 것이라는 이승만의 말을 철석같이 믿고 실제로 그러한 방송을 직접 한 그는 정작 서울이 함락됐다는 것을 뒤늦게 알고 허둥지둥 방송국을 빠져나왔다. 그때 군보도과장이 약을 세 알 주면서 정 급할 때 이 약을 먹으면 고통 없이 죽는다고 했다고 한다. 모윤숙은 김활란, 임영신, 박순천과 함께 북한에서 반드시 체포해야 할 여성인사로 지목되어 있었다. 그는 그 급한 와중에도 문인답게 다른 것보다 편지를 특별히 챙겼다. 특히 이광수 등에게서 받은 낭만적인 편지를 잃을까 소중히 간직했다고 한다. 그러나 나중에 결국 그 편지는 잃어버렸다고 한다. 당시 경황이 없는 상태에서 김활란의 집으로 가려고 했으나 그곳도 쑥대밭이 되었을 것이란 말을 듣고 우여곡절 끝에 운전기사의 고향으로 피난을 간다. 그곳에서 운전기사의 가족이 자신에게 일을 시키는 등 고욕을 치렀다고 했다. 이후 그들은 모윤숙을 숨겨줘 화를 당할까 두려워 다른 곳으로 가라고 해서 그는 그곳을 떠난다. 그는 여러 곳을 전전하다가 지쳐 결국 죽으려고 독약을 먹었으나 오래 갖고 다녔던 터라 약이 물러지고 부서져서 듣지 않아 기절만 했다가 나중에 살아났고 아군에게 발견된다. 그는 나중에 이승만을 만나 어떻게 자신을 버릴 수가 있냐고 울분을 터뜨렸다고 한다.[25]

반면 당시 이승만과 고위급 인사들은 다들 일찍 대전에 내려왔다. 당시 대전에서 제일 큰 호텔인 성남장을 운영했던 김금덕의 말을 빌리면 각료, 고급관리, 국회의원, 군장군, 재계, 언론인 등 지도급 인사들 300여 명이 피난 와서 유숙했다. 이 사람들이 타고 온 자가용이 80여 대였고 쌀이 하루에 5가마씩 들었다고 한다. 어느 고관

---

25) 경향신문(1973.12.8).

은 그 난리통에 가재도구와 개까지 데려와 방을 내달라고 아우성을 쳤다고 한다.26)

7월 14일 이 대통령은 대전협정을 통해 국군의 지휘권을 UN군사령관에게 이양했고, 육군본부는 한국군의 작전권 이양과 함께 14일 대구로 후퇴했다. 대전에 있던 피난 정부도 16일에 다시 피난하여 중앙정부를 대구로 이동했다.27)

전쟁 후 대전형무소 상황을 보면, 6월 28일 서울 함락에 이어 북한군이 남하하자 대전 이북지역 형무소에 수용되어 있던 많은 재소자들이 대전으로 이송되었기 때문에28) 당시 대전형무소는 약 2천여 명의 좌익을 포함하여29) 약 4천명을 수용하고 있었다.30) 7월 8일 계엄령이 선포되자 군 당국은 대전형무소에 갇혀 있던 보도연맹원을 포함한 좌익수와 전과 3범 이상의 강력범을 인계받아 대전 산내면 낭월동 골령골로 끌고 가 총살했는데 모두 마치기까지 3일이 걸렸으며31) 1950년 7월초부터 20일 사이, 인민군이 대전을 장악하기 전에 대전 산내 골령골에서 국군과 경찰에 의한 대전형무소 사상범 희생자가 수천 명에 달했다고 한다.32) 미군자료에도, 7월 초 3일간 남한

26) 중앙일보사(1985a) 272. 필자의 외할머니도 가족과 함께 피난을 갔는데 기르던 개를 두고 갔다고 했다. 그런데 나중에 집에 다시 와보니 개는 잡아먹히지 않았고 오히려 무엇을 잘 먹였는지 통통하게 살이 올라 있었다고 했다. 즉 인민군이나 좌익이 개를 잡아먹지 않고 오히려 먹이를 줘서 키운 것이다. 반면 땅에 숨겨놓은 식량은 사람들이 다 파서 찾아 먹었는지 없어졌다고 했다.
27) 대전광역시사편찬위원회(2002) 903.
28) 한국교정사편찬위원회(1987) 515.
29) 이선근 진술. 중앙일보사(1985a) 283.
30) 한국교정사편찬위원회(1987) 515.
31) 특경대원 김형식 진술, 우종창(2000) 284.
32) 한국전쟁전후민간인학살진상규명범국민위원회(2006) 126.

당국에 의해 대전형무소 정치범 1,800명이 집단학살 되었다고 기록
되어 있고『데일리 워커』(Daily Worker)의 위닝턴(Alan Winnington)은
재소자 처형이 7월 4~6일에 있었고 남은 죄수들은 17일에 처형되었
으며 낭월리에는 7천 이상의 남녀 시체가 묻혀 있었다고 기록했다.[33]
따라서 대전에서 좌익에 의한 우익학살이 있기 전 좌익이 먼저 대대
적으로 희생된 것이다.

대전 전투상황을 보면, 7월 1일 저녁 미 지상군 선발대 스미드 기동
부대가 부산에서 대전역에 도착했고, 대전 전면에 멜로이 대령의 미
19연대가 포진했으나 19일 적의 강습으로 궤멸상태에 빠졌다.[34] 인민
군 4사단 18연대가 7월 20일 대전－대구 도로를 방어하고 대전에 도
착하여 21일 대전시를 점령했다. 이 부대는 대전에 7월 23일까지 진
주하였으나 9월 중순 낙동강 전투에서 부대원들이 거의 다 사망했
다.[35] 인민군 3사단은 1950년 7월 16일 금강 둑에서 출발하여, 4사단
과 협조하면서 3일간의 전투를 치른 끝에 마찬가지로 7월 21일 대전
에 입성했다.[36] 제5탱크사단 예하부대들은 7월 20일 서북쪽 및 북쪽
으로부터 대전을 공격했고, 새벽 6시 무렵 105탱크사단의 선두 전차
부대들이 대전 경계선으로 돌입하여 오전 1시에 제3 및 제4보병사단
과 함께 대전 시가전을 전개했다. 7월 21일 아침 6시 무렵에 대전이
인민군에 완전 점령되었다. 대전 점령전투에서 2천명이 넘는 미군 및
남한 군사와 장교들이 전사했다.[37] 대전에서 미 24사단이 싸워서 시

33) RG 319. E. 85 Dummy File, "Execution of Political Prisoners in Korea,"; Alan
     Winnington, *I Saw the Truth in Korea*(London: People's Press Printing Society,
     1950) pp.4~6; 박명림(2002) 323~324에서 재인용.
34) 중앙일보사(1985a) 286, 307.
35) KWC 1507, KWC 132, KWC 1062.
36) KWC 1451.

간을 벌었으나 손실이 컸다.[38)

북한 측은 대전이 제105탱크사단만으로도 쉽게 돌파될 수 있었다는 사실을 나중에 알고는 정보책임자 김웅 소장을 견책했다. 즉 1개 사단만으로도 대전을 단시일 내에 점령할 수 있는 것을 3개 사단이 동원되어 병력과 시간을 허비했다는 것이었다. 이 일로 전선사령관 김책도 김일성으로부터 질책을 받았다. 그는 그 후 대전 남방의 최전선에 나가 독전(督戰)하다가 미 공군의 폭격으로 왼쪽 옆구리에 파편을 맞고 후송되어 1년간 앓다가 죽었다.[39)

인민군이 대전에 들어오니 미군의 방대한 물자가 있었다. 또한 대전 전투에서 약 1천명의 미군을 포로로 잡았다. 이때만 해도 인민군은 미군포로에 대해 국군포로보다 비교적 나은 대우를 했다. 간혹 오만한 포로에 대해 즉결처분했는데 그런 포로는 대전의 경우까지 포함해 10명 정도였다.[40) 인민군은 충남도청을 본부로, 도립병원을 미군포로수용소로 사용했다.[41) 대전에는 706치안여단 제109연대가 주둔했다.[42) 또한 주민들에 의하면, 인민군은 대전 동구 이사동, 구도동에도 주둔했으며 가오동에 인민군 후방부대라고 칭하는 부대가 1950년 9월까지 주둔했다고 한다.[43)

북한은 남한점령지역에 당 및 행정기구를 빨리 조직하기 위해 인민군의 진격에 앞서 남한 각 도의 주요도시에 7, 8명씩 당위원장 및 도

37) 블라지미르 니꼴라예비치 라주바예프(2001) 203.

38) 중앙일보사(1985a) 315.

39) 중앙일보사(1985a) 301, 315.

40) 중앙일보사(1985a) 315.

41) 중앙일보사(1985b) 118.

42) 서용선(1995) 46.

43) KWC 1258.

인민위원장급의 당원으로 북에서 신망 있는 자를 뽑아 남파했다. 따라서 6월 초순 이주상(전 남로당 중앙간부), 여운철(전 충남도당책), 곽해봉(전 충남논산군당책), 박천평(충남대덕군 당책), 고판수(충남대덕군 당책) 등 5, 6명이 충남 서해안에 상륙하여 대전지구에 잠복했다. 이주상은 노동당 충남도당위원장, 여운철은 도인민위원회 위원장격으로 남파된 것이다. 그러나 이들은 행군 코스를 잘못 잡아 인민군과 거의 같은 시각에 대전에 들어갔다. 일부의 군당위원장과, 해안지역에는 면당위원장까지 북로당원들이 내려와서 낮았고, 내무서장은 모두 북에서 특별히 온 사람들이었다. 인민위원회 부위원장이나 서기장급도 북에서 파견된 사람들이 맡아 실권을 행사했다. 당 재건은 충남의 경우, 남로당원, 토지분배를 받은 자, 농촌위원회 위원, 노력동원에 잘 나가는 열성분자 등으로부터 당원등록을 받아 했고, 리·면·군 순서로 추천형식의 선거를 해서 인민위원회 조직을 완료했다. 한 사람이 보통 두서너 개의 조직 속에 들어갔다.[44]

　전쟁 전 남파된 이주상은 충남도당위원장을 박우헌에게 인계하고 당시 의용군으로 조직된 충남대전여단장이 됐다. 부위원장은 유영기가 되었다. 당과 정치단체 조직이 체계화됨으로써 점령지역에서의 모든 정책이 당에서 먼저 토의되고 계획되어 인민위원회가 이를 집행하도록 했다.[45] 군청에는 군인민위원회가, 면에는 면인민위원회가 들어섰고, 군마다 우익인사를 분류, 체포하는 정치보위부가 설치되고 여성동맹도 결성되었다. 『남로당연구』의 저자 김남식은 당시 충남도당 선전부책으로 의용군 모집사업의 책임을 맡았는데, 충남에서만 7월

44) 김남식(1984) 441; 중앙일보사(1985b) 85~86; 중앙일보사(1985a) 285.
45) 김남식(1984) 447.

말부터 9월 초까지 23,000여 명을 의용군으로 뽑았다고 한다. 초기의
2천명은 훈련을 시켜 정병을 만들 계획으로 북한에 보냈지만 8월초부
터는 전세가 급해지고 병력이 달려 대전으로 집결시켜 2~3일간 훈련
시켜 전선으로 보냈다. 대부분 낙동강전투로 투입되었다. 의용군에는
보도연맹원, 토지분배를 받은 빈농, 반동으로 몰릴 위험이 있는 층의
자식들이 지원했다.[46]

3. 수감자 처우 및 희생 과정

충남 각 지역의 반공·우익인사들은 지방 좌익에게 체포되어 각 지
역의 분주소, 내무서, 정치보위부 등에 수감되어 있다가 대전으로 이
송되었다. 대전에 이송된 후, 이들은 각각 대전형무소, 프란치스코 수
도원, 대전경찰서 등에 수용되었다. 이들이 체포되어 학살된 주된 이
유는 양민을 살해했다는 것으로, 서천등기소 사건의 희생자보다 더
무거운 죄를 지은 것으로 간주되어 대전으로 이송되었다. 충남 정치
보위부는 양민 특히 좌익을 투옥·살해하였다는 이유로 충남 지역 우
익인사들을 체포했다. 생환자 안봉석은 정치보위부에서 2회에 걸쳐
취조를 받았는데 그 내용은 강경정치보위부에서 좌익을 10명 살해하
였다고 했는데 그것이 사실인가 하는 것이었다. 더불어 공산주의는
울타리 넓은 감옥이라고 선전하고 스탈린 정책을 악평하였다는 죄도
추가되었다.[47] 그는, 같은 한국인을 죽이고 미국에 한국을 팔아넘긴

---

46) 중앙일보사(1985b) 99.
47) 안봉석, 「청취서」(1951.5.7), KWC 28B; "Summary of Information"(1950.10.1,
   Subject: Am, Bong Suk), KWC 28B.

죄로 처형될 것이라고 들었다고 하였으며, 사형선고를 받은 후 대전
형무소로 끌려갔다고 하였다.[48] 이갑산도 체포된 모든 사람들이 반드
시 '양민을 투옥하고 학살했다'는 내용이 들어가게 자술서를 쓰도록
강요받았다고 하였다. 한 수감자가 그런 일이 없다는 내용으로 자술
서를 써내자 심하게 구타당해서, 그것을 본 다른 수감자들은 모두 양
민을 학살했다는 허위 자술서를 썼다고 하였다. 다들 인민재판 때 항
소해보겠다는 생각을 갖고 허위로 썼다고 했으므로 당시 항소 등 사
법적 절차가 있었다는 것을 알 수 있다. 그러나 이후 인민군의 다급한
후퇴는 이러한 재판을 거치지 않고 희생되게 만들었다.[49] 청년단 단
장이었던 김동학은 군산경찰서를 습격한 좌익 3명을 사살했다는 이
유로 대전형무소로 끌려가 학살됐다.[50] 공무원이었던 최익원은 "이승
만 괴뢰정부에 충성하고 남조선 국록을 받아먹은 죄"로 보령군 정치
보위부에서 충남 정치보위부로 끌려갔으나 끝까지 자술서를 쓰지 않
아 희생 직전 석방되었다. 따라서 대전형무소 및 정치보위부 수감자
들이 체포 · 처형된 이유는 양민을 탄압 · 학살했다는 것이며, 이는 직
업별로 볼 때 경찰과 공무원이 가장 많다는 데서도 드러난다.[51]

둘째, 위의 개별적인 체포 · 처형의 이유와 더불어, 서천등기소의
경우와 마찬가지로, 수감자들은 9월 15일 인천상륙작전의 개시와 더
불어 인민군에게 전세가 불리해질 때 노동당이 각 지방당에 내린 지
시, 즉 '유엔군 상륙시 지주'가 될 요소를 제거하라는 명령에 의거하여
한꺼번에 희생되었다. 따라서 대전지역의 집단희생사건 역시 9월 25

---

48) "Summary of Information"(1950.10.1., Subject: Am, Bong Suk), KWC 28B.
49) 우종창(2000) 272~273; 반공애국지사유족회(2003) 170~171.
50) 반공애국지사유족회(2003) 158.
51) 목동 성당박해와순교사연구위원회(2007) 54, 57, 143.

일~27일에 일어났으며 대전경찰서에 수감되어 있던 포로들이 함께 희생된 점 그리고 당시 학살된 사람들 거의가 20~40대 남자라는 점도 이를 증명한다.[52] 따라서 대전 지역의 희생자들도 다른 사건과 마찬가지로 경찰, 군인, 대한청년단원 등 우익·반공 인사들로서, 국방군에 협력한 자들이며 '유엔군 상륙시 지주'가 될 요소이기 때문에 희생되었다고 할 수 있다.

각 수감장소 별로 희생과정을 살펴보면 아래와 같다.

1) 대전형무소

대전형무소는 3·1운동 후인 1919년 5월 1일 일제에 의해 지어졌으며 처음에는 '대전감옥'으로 불렸다. 1923년에 '대전형무소'로, 1961년부터는 지금의 '대전교도소'로 이름이 바뀌었다. 인민군 점령시기에는 '인민교화소'로 불렸다.[53] 일제시기 조선총독부는 죄인 수송이 편리한 곳을 물색하여 대전을 선택해 감옥을 지었다. 대전감옥은 독립운동가, 사상범 수용이 목적이었기 때문에 중(重)구금 시설을 갖췄다. 즉 중죄자나 사상범을 전담·수용하기 위하여 감옥 안에 또 하나의 작은 감옥을 만들었고, 그 안에 다시 이중벽을 쌓아서 내부로부터의 탈출을 막을 수 있도록 설계하였다.[54] 형무소는 직사각형 모양으로, 동서남북 네 곳에 망루대가 있었고, 교회가 위치한 중앙건물을 중심으로 청사, 감방, 공장이 부챗살처럼 뻗어 있었다. 일반 죄수를 가두는 1사, 2사, 3사, 4사가 정문 쪽에 위치하고, 그 옆에 형이 가벼워 공장에 나

---

52) 목동 성당박해와순교사연구위원회(2007) 76; 우종창(2000) 278.
53) 호순철, 「청취서」(1953.4.6), KWC 28C; 이택우, 「청취서」(1953.4.6), KWC 28C.
54) 우종창(2000) 267; 대전광역시시사편찬위원회(2002) 1477.

〈그림 2〉 시신이 발견된
대전형무소 우물

〈그림 3〉 대전형무소 망루

가 일하는 잡범들을 임시 수용한 가사가 있었다. 좌익수를 수감하는
특사는 청사 뒤쪽에 있었고, 여자 죄수를 수감하는 여사와 병자들을
수용하는 병사는 특사 옆에 있었다. 감방과 감방 사이에는 나무를 가
공하는 1공장, 광목을 짜는 2공장, 양복과 재단을 취급하는 3공장, 철
을 다루는 4공장, 벽돌을 굽는 5공장과 잡다한 일을 하는 6공장 등 8
개의 공장이 있었다.[55]

부지는 총 32,528평으로, 원래는 대전시 중구 중촌동에 위치했었는
데 중촌동 일대가 개발되면서 1984년에 유성구 진잠으로 이전했고 형
무소 자리는 현재 현대아파트 단지로 변했다. 당시 형무소가 있던 자
리에 남아있는 유적은 우물과 망루뿐이다. 우물은 형무소 희생자들이
수장되었던 곳으로 현재 중촌동 자유총연맹 대전·충남지회 건물 앞
에 있다. 망루는 목동 48-2에 위치해 있으며 대전 문화재자료 제47호

55) 특경대장 이준영의 진술.우종창(2000) 267.

로 지정되어 있다.[56]

(1) 수감자 처우

당시 생환자들에 의하면 옥사는 총 15사(舍)였으며[57] 감방 수는 총 150개였다.[58] 진술에 의하면 감방에는 6명에서 20명까지 수감되었다.[59] 이갑산은 자신이 수감된 감방에 7명이 있었다고 했으며, 감방 면적은 반 평이라고 말하기도 하고, 2평이라고 말하기도 했다. 그러나 사건 이후 감방을 직접 가서 본 김도환은 감방이 2~3평 정도 되어 보였다고 했다.[60] 열악하기로 유명했던 서대문형무소 지하 독방의 경우에도 가로세로 2미터였으며, 일제초기 감방 수용밀도가 가장 높았을 적에도 평당 7.9명이었고 이후 감옥을 증설하여 평당 2.9명이었다는 것을 고려하면, 7명은 반 평이 아니라 2평 감방에 수감되었을 것이다.[61] 안봉석은 각 감방에 50명 이상의 죄수가 수감되었다고 했는데 그의 진술은 회를 거듭할수록 점점 더 과장되었으므로 신뢰하기 어렵다.[62] 간수장 곽종관은 "대전형무소에는 우익 진영의 인사 약 1,500명 가량이 수감되어 있던바 아군의 진주로 말미암아 거(渠) 등 괴뢰가 후퇴 시 형무(刑務) 내 혹은 옥(獄) 외에서 총살 또는 동소(洞所) 내외에

56) 우종창(2000) 267; http://museum.metro.daejeon.kr/new(대전시청 홈페이지, 향토사료관).
57) 반공애국지사유족회(2003) 170.
58) 안봉석, 「청취서」(1951.5.7), KWC 28B.
59) 반공애국지사유족회(2003) 251, 171; 손병길, 「공술서」(1952.6.28), KWC 28B; 윤옥동, 「공술서」(1952.6.27), KWC 28B.
60) 반공애국지사유족회(2003) 148, 170~171, 251. 전직 교도관들의 진술에 의하면, 독방은 2명, 작은 방은 5~6명, 큰 방은 10~12명을 수용하였다.
61) 한국교정사편찬위원회(1987) 373, 380.
62) 안봉석, 「청취서」(1951.5.7), KWC 28B.

유(有)한 우물에 투입 학살한 사실은 유(有)"하다고 1952년 8월 31일에
기록했다.[63]

대전형무소에 수감된 사람들은 주로 충남지역의 분주소와 내무서
또는 정치보위부에서 끌려와 대전내무서(대전경찰서 건물) 또는 대전
정치보위부(프란치스코 수도원 건물)에서 취조를 받은 후 대전형무소
에 수감되었다. 예를 들면 윤옥동은 유천내무서와 대전내무서를 거쳐
대전형무소로 이감되었으며,[64] 손병길은 연산치안대, 논산내무서, 대
전 정치보위부를 거쳐 대전형무소로 이송되었다.[65] 안봉석은 연산분
주소, 논산내무서, 강경정치보위부, 대전정치보위부에서 취조를 받고
대전형무소로 이송되었다.[66] 대전형무소로 이감한 후에도 수감자들
은 정치보위부로 다시 끌려가 2~3회 심사 내지 취조를 받기도 했
다.[67] 정치보위부 건물에 수감되었던 최익원에 의하면 정치보위부에
서 심사가 끝난 사람 중 일부는 대전형무소로 내려 보내고, 또 대전형
무소에 수감 중인 사람들이 정치보위부로 소환되어 심사를 받았다고
했다.[68] 사회적 지위로 보아 이용가치가 있다고 인정되는 사람들은
'제3대열'로 불렸으며 이들은 서울로 압송되어 북으로 끌려가기도 했
다.[69]

---

63) 「내치정전(內治情戰)」제349호, KWC 748.

64) 윤옥동, 「공술서」(1952.6.27), KWC 28B.

65) 손병길, 「공술서」(1952.6.28), KWC 28B.

66) 안봉석, 「청취서」(1951.5.7), KWC 28B.

67) 윤옥동, 「공술서」(1952.6.27), KWC 28B; 손병길, 「공술서」(1952.6.28), KWC
28B. 자백서를 세 번, 네 번씩 쓰게 하여 날자, 숫자, 지명, 인명 등이 틀리면
다그쳐서 다시 쓰게 했다고 한다. 송효순(1979) 244.

68) 우종창(2000) 275. 취조과정 중에 구타가 빈번히 행해졌다. 이갑산은 형무소
내 직조공장에 마련된 임시취조실에서 동료 경찰관의 거처를 대라는 심문을
계속해서 맞아가며 받았다고 하였다. 송효순(1979) 284.

형무소 수감자들은 머리를 **빡빡** 깎였고 짧은 바지와 셔츠를 입었다. 안봉석은 이송된 지 4일 후 취조완료자라고 호명하며 감방 외부 의무실 앞에서 머리를 **빡빡** 깎아주었다고 하였으며 Lee Chung Sun은 시신들의 머리가 깎여져 있었다고 하였다. 손병길은 수감자들이 단내 복과 셔츠를 입게 되어 있었다고 하였으며 이갑산은 날씨가 더워 수 감자들이 속옷 차림으로 있었다고 했다.[70] 또는 가족이 보내준 옷을 입기도 했다. 임승재의 경우 가족이 보내준 옷을 입었는데 이는 그의 집에 머물렀던 인민군 대장[71]이 전달해주었기 때문이다. 그 대장은 임승재가 대전형무소에 있다는 사실을 알아봐주었고 옷도 전달해주 겠다고 하면서 비행기에 노출되지 않도록 옷에 염색을 하라고 해서 쥐색으로 염색해서 주었다고 했다. 가족들이 수복 후 대전형무소에 갔더니 시신이 꺼내어져 널려 있었는데 쥐색으로 염색된 옷을 보고 쉽게 시신을 찾았다고 했다. 희생자 정영식의 처도 두 번 대전형무소 로 면회를 가서 옷을 전달했으며, 이후 그 옷을 보고 시신을 찾았다고 했다.[72]

수감자의 식사는 하루 두 끼 주먹밥이었다. 취사당번을 했던 이갑 산은 두 끼의 취사 때마다 취사장에서 주먹밥을 만들어 사람 숫자대 로 감방 창살 안으로 밀어 넣었다고 한다. 주먹밥은 보리밥에 새우젓 을 묻힌 것이었는데 짜서 먹은 후 갈증이 심하게 났으나 물을 마음대

69) 송효순(1979) 244.
70) 반공애국지사유족회(2003) 251; 안봉석, 「청취서」(1951.5.7), KWC 28B; 손병 길, 「공술서」(1952.6.28), KWC 28B; Statement of Lee Chung Sun, KWC 28B.
71) 임영빈은 '팔로군 후방부대장'이란 표현을 썼는데(「임영빈 신청인 진술조서」) 이는 해방 전 중공군 소속 부대였음을 지칭한 것일 수 있다. 예를 들면 인민 군 6사단은 중공군 166사단 소속 동북의용군 출신이다.
72) 「정창식 진술조서」.

로 먹을 수 없었던 것이 가장 큰 고통이었다고 했다.[73] 처음에는 수
감자들에게 일을 시키지 않았으나 수용인원이 많아지고 경비 병력이
부족해지면서 형무소 내 일을 수감자들에게 맡기기 시작했다.[74] 또한
형무소 내에서 어떤 간수는 수감자들을 구타하는 등 가혹행위를 하기
도 했다.

(2) 희생 시기 및 과정

대전형무소 수감자들은 1950년 9월 25일 새벽에서 26일 새벽까지
피살되었다. 수도원에 수감되어 있다가 학살 직전 풀려난 최익원은
1950년 9월 25일 대전 일대 인민군이 모두 동원돼 대전형무소와 정치
보위부 감방 안에 있던 시민들을 집단으로 학살했다고 하였다. 그는
26일 낮에 법원 앞 노상에서 만난 김씨에게 25일 밤 형무소 수감자들
이 모조리 집단학살 되었다는 소식을 들었다고 하였다.[75] 당시 대전
주민이었던 안귀중은 대전에 인천상륙작전 성공을 알리고 자수를 권
유하는 삐라가 22일에 뿌려져 분위기가 술렁거리기 시작했고 학살은
24일에서 26일 사이라고 추정하고 있다.[76] 목격자 및 생환자 진술들
을 종합하면 22일에 삐라가 뿌려지고 23일부터 수감자들이 굶었으며
[77] 25일부터 처형이 시작되었다.[78] 대전형무소 생환자 윤옥동, 손병

---

73) 반공애국지사유족회(2003) 170, 172.

74) 송효순(1979) 284~285.

75) 우종창(2000) 276; 목동 성당박해와순교사연구위원회(2007) 59, 65~66.

76) 전인석 면담(2007.8.28).

77) 25일 끌려 나간 윤옥동은 3일간 굶었다고 했다. 윤옥동, 「공술서」(1952.6.27),
KWC 28B.

78) 이 과정은 서천등기소 학살사건의 경우와 일치한다. 즉 서천등기소 학살이
있기 전, 군산에 24일 인천상륙작전 성공을 알리는 삐라가 뿌려졌고 수감자

길도 25일부터 처형이 시작되었다고 했으며 자신들도 이날 끌려 나갔다고 했다. 이갑산은 추석(9월 26일) 무렵 학살이 시작되었다고 하였고 자신은 이틀을 굶은 후 끌려 나갔다고 했으며, 임영빈은 박씨란 사람이 25일 형무소에서 용두동 콩밭으로 끌려나와 총살되었는데 맞지 않아 살아 돌아왔다고 했다.[79] 안봉석은 23일부터 학살이 시작되었다고 진술하고 있으나 그 자신도 총살장소로 끌려간 날은 25일 새벽이라고 말하고 있다. 그는 굶기 시작한 날부터 학살이 시작되었다고 생각했을 가능성이 있다.[80] 수감자들을 굶기기 시작했다는 것은 이들을 처형하기로 결정했다는 것을 의미하고, 굶긴 기간이 2~3일이 걸린 이유는 구덩이를 파는 등의 처형 준비를 위한 기간이 필요했기 때문일 것이다. 대전 지역 생환자들은 모두, 처형 장소에 가보니 이미 구덩이가 파여 있다고 진술하였다. 또한 기존의 진술과 기록을 보면, 23~24일 그리고 26일 낮~27일에 총살 장소로 끌려갔거나 총살장면을 직접 목격한 사람이 없다. 따라서 처형기간은 25일 새벽에서 26일 새벽까지이다.[81]

수감자들은 2명씩 많게는 6명씩 불려나가 광목 등으로 손이 뒤로

들은 25일부터 이틀을 굶었으며 27일 새벽에 희생되었다(진실화해를위한과거사정리위원회(2008a) 218, 222~223).

79) 「임영빈 진술조서」. 용두동 콩밭에 뾰족집, 즉 종탑이 있는 교회가 있었다고 했으므로 희생장소는 목동 성당 근처 용두산을 의미한다. 임영빈 면담 (2008.8.19).

80) 윤옥동, 「공술서」(1952.6.27), KWC 28B; 손병길, 「공술서」(1952.6.28), KWC 28B; 반공애국지사유족회(2003) 148~149, 173; "Summary of Information"(1950.10.1, Subject: Am, Bong Suk), KWC 28B.

81) 손병길은 자신이 알기로는 이런 학살이 27일까지 3일간 지속되었다고 했으나(손병길, 「공술서」(1952.6.28), KWC 28B) KWC 28A에 의하면, 26~27일 학살된 사람들은 대전형무소 수감자들이 아니고 대전내무서에 수감되어 있던 미군, 국군, 경찰들이다.

묶인 다음 형무소에서 끌려나왔다. 많은 수감자의 경우 흑광목으로 손이 묶였다. 안봉석에 의하면, 흑광목을 2척 반 정도로 잘라서 사람들을 끌고 갈 때 손을 결박하는 데 사용했으며[82] 시신을 목격한 사람들도 시신들의 손이 청색의 면 천조각으로 묶여 있었다고 하였다.[83] 이들을 끌고 간 사람들은 정치보위부원과 인민군이었다. 2명씩 끌려나왔다고 진술한 윤옥동은 정치보위부원 2명이 끌고 갔다고 하였으며, 6명씩 끌려 나왔다고 진술한 손병길은 정치보위부원 1명과 인민군 2명이 끌고 나갔다고 하였다.[84] 생환자들의 진술들을 종합하면 25일 새벽을 시작으로 수감자들을 용두산, 도마리, 탄방리 등 형무소 외부에 끌고 가 총살한 다음, 25일 밤에 형무소 내부에서 나머지 수감자들을 총살하였다. 임영빈은 생환자 박씨란 사람으로부터, 자신이 용두산으로 끌려가고 이후부터는 내부에서 학살이 일어났다고 들었다고 하였으며,[85] 안병홍은 생환자인 자신의 고모부로부터, 처음에는 산으로 끌고 가 죽였고, 맨 나중에 형무소 내 우물에서 죽였다고 들었다고 하였다. 안병홍의 고모부는 희생현장에서 총을 맞았으나 팔에 맞아 살아서 돌아왔다.[86] 형무소에서 시신은 후문 쪽 온상의 밭고랑과 취사장 우물에서 발견되었다.

당시 상황을 상세히 알기 위해 현재 생존해 있는 유일한 생환자인 이갑산의 얘기를 들어보자.[87] 아래의 글은 그의 말을 될 수 있는 한

82) 안봉석, 「청취서」(1951.5.7), KWC 28B.
83) "Statement of Lee Chung Sun," KWC 28B.
84) 윤옥동, 「공술서」(1952.6.27), KWC 28B; 손병길, 「공술서」(1952.6.28), KWC 28B.
85) 「임영빈 진술조서」.
86) 「안병홍 진술조서」.
87) 이갑산 면담(2008.2.14).

그대로 옮겨놓은 것이다.

　　나는 당시 27세로 경찰관(사찰계)이었다. 전쟁이 나자 보령경찰
서장은 말단 경찰관들에게 집으로 가서 자수하라고 했다. 자수하면
공산당도 인간이니까 살려줄 것이라는 것이었다. 그러나 나는 사찰
계라서 살 수 없다고 생각하여 자수할 생각을 하지 않고 계속 남하
를 해서 서천군 한산면에 갔는데 강이 있어서 건너가지 못하고 왔
다 갔다 하다가 좌익들에게 잡혀 한산지서로 끌려갔다. 누구냐는
질문에 동네에서 일 좀 봐달라고 해서 왔다고 얼버무렸는데 그 중
한 사람이 "이 형사 어쩐 일이쇼"해서 신분이 들통이 났다. 나는 앞
으로 죽을 수 있다는 생각에 지서장실 뒤에 있는 유리창에서 뛰어
내렸다. 높이가 서너길 정도 되었는데 신기하게 다치지 않았다. 막
뛰었는데 좌익들이 38식, 99식 총을 쏘아댔다. 그런데 다행히 총을
맞지 않았다. 논두렁 밭두렁으로 가는데 저쪽 정면에서 인민군 보
안대들이 니뽄도 칼을 차고 자전거를 타고 와서 마주쳤다. 그래서
급한 마음에 논으로 들어갔는데 그 보안대가 칼로 넓적다리를 쳐서
결국 잡혔다. 한산지서로 다시 잡혀가 손이 포승줄로 묶였는데 손
이 퉁퉁 부었다. 땀 때문에 포승줄이 오그라들었기 때문이다. 목이
말라 물을 달라고 했더니 총이 어딨냐고 물어 금강에 버렸다고 했
다. 물을 주면 하라는 대로 다 하겠다고 했는데도 물도 주지 않았
다. 유치장에 집어넣지도 않고 정문에 나를 묶어놓았다. 그때 내 생
각은 오로지 나를 언제 총살시킬 것인가였다. 지서에 전화가 오자
'즉결을 할까요' 하는데 그쪽에서 하지 말라고 하는 것 같았다. 서천
내무서에서 온 전화인 것 같았다.
　　그날 저녁에 서천내무서까지 30리를 걸어 한참을 갔다. 도착하자
밤이 되었고 나를 유치장에 집어넣었다. 감방에 사람이 많았다. 유
치장에 1주일 정도 있었다. 사람들을 다 수용을 못하니까 대전으로
보내는데 군 트럭(도요다)에다가 수감자들을 조기 엮듯이 엮어서

다 실었다. 밤에 가니까 어디로 가는지 몰랐는데 대전으로 가는 것이었다. 백마강이 나오자 목선에 트럭을 실어 강을 건너갔다. 건너가기 전에 포승줄은 내가 잘 아는 처지라 포승을 차에다가 문질러서 끊었다. '강물로 뛰어 내려가면 살겠지'하고 생각하고 있었다. 인민군들이 난간에 두 놈씩 서서 총으로 겨냥을 하고 있었다. 그러나 물로 뛰어내렸다. 그랬는데 그 놈들이 삿대로 저절되는데 내가 빠져죽지 않으려고 나도 모르게 저절로 그 삿대를 잡았다. 그래서 다시 배로 올려졌다. 그리고는 그들이 마구 나를 마구 구타해서 기절했다.

대전에 도착한 후 교도소 근처 큰 창고에 나를 집어넣었다. 100여 명 정도 있었다. 백지를 한 장씩 나눠주더니 자술서를 쓰라고 했다. 다들 죄가 덜 되게 쓰려고 애썼다. 그 놈들이 점잖게 있다가 그걸 다 알고는 "간나 새끼 양민학살 했다는 얘기는 하나도 없잖아"라고 했다. 그러면서 한 사람을 본보기로 때려 죽였다. 그러자 사람들이 자기가 쓴 것을 다 찢고 백지를 한 장 더 달라고 해서 다시들 썼다. 누구든지 저렇게 맞아 죽는구나 생각해서 그렇게 죽으니 인민재판 받고 총 맞아 죽는 편이 낫겠다고 생각했다. 양민을 투옥하고 학살했다는 말이 꼭 들어가게 써야 했다. 그때는 그들이 우리가 그렇게 쓴 것을 알았는지 읽어 보지도 않았다. 그것이 인민재판에 회부하는 자료였다. 그리고 나서 교도소로 집어넣어졌다. 6사 4호 감방이었다. 두 달 정도 갇혀 있다가 9월 28일 때 죽이기 시작했다. 밥은 보리밥에 새우젓국을 묻혀서 주었다.

우물 있는 데 취사장 칠판에 6,832명이란 숫자가 쓰여 있었다. 내가 취사당번이라서 그것을 볼 수 있었다. 나에게 뭐했냐고 물어서 동네 이장했다고 해서 취사당번으로 뽑혔다. 큰 솥이 댓 개 있는데, 1사 2사 3사 4사 있는데 나는 6사 담당이라 6사만 줬다. 총 15사 정도 있었다. 6832란 숫자는 수감자 뿐 아니라 의용군들도 해당되는 숫자였다고 생각된다.

같은 감방에 7명이 있었다. 김동학 씨가 있었는데 연세가 제일
많았고 항상 좋은 말씀만 하셨다. 서천경찰 김홍수 씨도 같이 있었
는데 그 사람은 결혼한 지 며칠 되지 않았다. 나중에 들으니 나처럼
대전형무소에서 살아 나왔다. 그런데 부인이 얼마나 그리웠는지 고
향 집으로 가서 하룻밤을 잤는데 누군가가 저 사람이 대전형무소에
서 살아 왔다고 얘기해서 다시 잡혀서 죽었다고 한다. 어디서 돌아
가신지는 모른다. 즉결 총살 당했을 것으로 생각한다. 그 밖에 김봉
하 전도사, 정영진 대덕군수, 대통령비서실 이선직이 있었다.

대전형무소에는 누런 인민군복을 입은 인민군들이 있었다. 그 사
람들이 각 사에 두 사람씩 있었다. 바지에 파란 줄친 옷을 입은 내
무서원들이 있었는데 주로 간수를 하였다. 간수란 사람들이 할 일
이 없으니까 감방을 돌아다니면서 '동무 뭐했소' 하는 것이 심심풀
이였다. 김봉하가 '전도사외다' 그랬더니 고향이 어디냐고 물으니까
평양 어디라고 했다. 그러자 간수들이 '반동의 반동이다'라고 했다.
팔을 내놓으라고 하더니 갖고 다니던 대추나무 홍두깨비로 내리치
니까 철창에 걸린 팔이 딱 부러졌다. 그러나 그 사람은 믿음이 있는
사람이라 아무 소리도 안 했다. 얼굴이 창백해지더니 밥도 안 먹었
다. 기도만 했다.

어느 날인가 사나흘 전부터는 취사를 시키지 않았다. 비행기가
날아다니고 그랬다. 두 사람씩 불러 내보냈는데 우리 감방은 하나
씩 나오라고 했다. 김봉하가 제일 먼저 나가고 나는 두 번째로 나
갔다. 9·28 수복 전 언제인지 모르겠지만 밤이었다. 무슨 행사든
지 밤에 했다. 철창으로 보니까 수감자들이 나가는 것이 보였다.
나갔는데 건물 담을 몇 개를 돌아갔다. 손은 전부 뒤로 해서 결박
을 했다. 다들 나가서는 소식이 없었다. 담을 돌아나갔는데 어느
순간 무언지 모르는 것으로 머리를 쳐서 기절했다. 깨어나니 조용
했다. 밤이니까 누가 끌고 나갔는지 모른다. 깨어나니 낮이었다.
시체가 여기 저기 있었다. 대전교도소 담장 안이었다. 생수장하다

가 모자라면 방공호에 묻어버렸다. 깨어난 뒤에 무섭기만 해서 도
망갔다. 그런데 좌익들이 도망가고 없었다. 유족들이 몰려 왔다.
빨래 널은 것을 주워 입고 도망갔다. 경기도 우리 집으로 갔는데
마침 아버지가 돌아가셨다. 우리 동네를 갔더니 저를 보고 ‘저 아
저씨가 모자를 눌러쓰고 왔다’고들 얘기했다. 생질이 내가 돌아온
것을 봤다.

　다른 곳에서의 이갑산의 진술은 위의 진술과 조금씩 차이가 나기
때문에 그의 말을 백퍼센트 믿기는 어렵다고 본다. 그것은 다른 누구
의 증언도 마찬가지이다. 시간이 흐르면서 기억이 흐려지고 바뀌거나
또는 큰 충격으로 사실과 다르게 기억하는 경우가 종종 있다. 그러나
그렇다 하더라도 그의 진술은 큰 틀에서 좌익에 의한 대량학살의 과
정을 잘 보여주고 있으므로 참고할 만하다고 생각한다.

2) 프란치스코 수도원

　프란치스코 수도원은 1938년에 당시 목동 성당(현 거룩한말씀의수
녀회 성당) 옆에 지어졌으며 ‘성방지거 수도원’ 또는 ‘대전 수도원’으
로도 불렸다.[88] 원래 건물은 헐리고 현재는 그 자리에 수녀회교육관
이 자리 잡고 있다. 당시 목동 성당이었던 현 거룩한말씀의수녀회 건
물은 목동 96-2에 위치해 있으며 대전 문화재자료 제45호로 지정되어
있다. 현재의 목동 성당은 1991년에 새로 지어진 건물이다.[89] 수녀회
는 당시 목동 성당 및 프란치스코 수도원에 대한 사진 자료 등을 보

88) 호순철, 「청취서」(1953.4.6), KWC 28C; 이택우, 「청취서」(1953.4.6), KWC 28C;
　　 이서용, 「청취서」(1953.4.4) KWC 28C; http://www.franch.co.kr(『목동 성당 80
　　 년사』 104쪽, 목동 성당 홈페이지).
89) 목동 성당박해와순교사연구위원회(2007) 18, 25.

관하고 있다. 당시의 방공호 등은 그대로 보존되어 창고로 쓰이고 있으나 희생자들이 수장되었던 우물은 없어졌고 그 자리는 잔디밭이 되었다. 그러나 그 우물이 있던 지점에 풀이 유난히 길게 자라있어서 그 자리가 우물 자리였음을 나타내고 있다. 프란치스코 수도원은 약 90평 건물로 지하실에 식당과 창고가 있었고 성당으로 연결되는 복도가 있었다. 1층에 도서실, 침실, 본당 사무실, 2층에 침실과 기도실이 있었다.[90] 수도원 중앙에 복도가 있고 그 양쪽에 방이 20개 있는 구조로, 방은 지상 1, 2층, 총 40개였다.[91] 전쟁 후 이 수도원은 인민군에 의해 충남 정치보위부 사무실 및 감방으로 사용되었으며[92] 2층에 취조실을 두었다.[93]

성당은 대전형무소에서 남쪽으로 300m 떨어진 곳에 위치해 있었다.[94] 목동 성당 홈페이지에는 형무소와 성당 간의 거리가 약 1km 라고 나와 있는데 이는 형무소가 중촌동, 목동에 걸쳐 3만 평에 이르는 거대한 면적을 차지하고 있었으므로 출발지점에 따라 300미터에서 1km로 다양하게 제시될 수 있기 때문이다. 이 일대는 모두 산으로, 인가(人家)라곤 오두막집 2채밖에 없었다.[95]

---

90) 『목동 성당 80년사』, pp.104~105, http://www.franch.co.kr(검색일 2008.11.2); 목동 성당박해와순교사연구위원회(2007) 25, 76.

91) 우종창(2000) 274.

92) 반공애국지사유족회(2003) 154; 목동 성당박해와순교사연구위원회(2007) 34~35; KWC 28C의 G-2 Message(1950.10.1)에는 탁재호와 이권석의 진술 내용이 실려 있는데, 그들은 대전에 있는 가톨릭 교회가 심문 장소로 사용되었다고 말했다. 최익원에 의하면 자신이 이전에 조사받은 보령군 정치보위부는 간판이 걸려 있던 반면에 이곳은 간판을 달지 않았다고 한다. 우종창(2000) 274.

93) 목동 성당박해와순교사연구위원회(2007) 74.

94) 반공애국지사유족회(2003) 151~152; 목동 성당박해와순교사연구위원회(2007) 54.

95) 목동 성당박해와순교사연구위원회(2007) 74.

(1) 수감자 처우

성당의 신부들은 미군의 대피령에 따라 인민군 점령 전에 미리 피난을 갔으나 카다르 신부는 남아 인민군 점령 한 달 후인 8월 말까지도 미사를 거행하다가 체포되었다. 인민군은 점령 후 1달간 미사 및 고해성사 등 종교행위를 막지 않았다. 카다르 신부는 체포된 후 서울로 이송되었는데, 그 이유는 그가 신부라서가 아니라 1차대전 때 보병장교로 중국 톈진에서 근무한 특별한 경력 때문인 것으로 성당 측은 추정한다. 이후 카다르 신부는 '죽음의 행진' 중 12월 17일 중강진 하창리에서 사망했다.[96]

수도원의 방은 감방으로 사용되었는데, 이곳 감방에서 최익원은 20여 명과 함께 수용되었다고 하였으며, 목격자 최복련도 한 방에 20명씩 수용되어 있었다고 했다. 최익원은 각 방마다 사람이 가득하여 방으로 들어갈 때 다른 사람 발도 밟고 등, 어깨를 짚어가며 겨우 기댈 공간을 찾았다고 하였다. 복도에는 따발총을 멘 인민군이 지켰다고 하였다.[97] 수도원 지붕 한 모퉁이가 폭격에 날아가서 하늘이 보이는 공간이 있었으며 감방 벽에도 구멍이 뚫려 옆방과 대화가 통할 정도였다고 한다.[98]

수도원에 감금된 사람들 역시 대전형무소의 경우와 마찬가지로 충청남도 각 지역 분주소, 내무서 등에서 끌려온 사람들로서, 일차로 이곳 정치보위부에서 취조를 받은 후 대전형무소로 보내졌다. 그러나 외국인 및 주요 인사들은 형무소로 보내지 않고 수도원에 계속 감금

---

96) 목동 성당박해와순교사연구위원회(2007) 120~121.
97) 반공애국지사유족회(2003) 151~152.
98) 목동 성당박해와순교사연구위원회(2007) 55.

시켰다. 이곳에는 특히 종교인들이 많이 수감되어, 신부, 목사, 신자들이 수용되었다. 이곳에 금사리성당 몰리마르(J. Molimard) 신부, 당진성당 코르데스(M. Cordesse) 신부, 합덕성당 페랭(Perrin) 신부, 홍성성당 강만수 신부, 서산성당 콜랭(Jean Colin) 신부, 온양성당 를뢰(P. Leleu) 신부, 예산성당 리샤르(R. Richard) 신부, 천안성당 폴리(D. Polly) 신부, 광주 교구장 브렌난(Patrick Brennan) 주교, 목포성당 쿠삭(Thomas Cusack) 신부와 오브라이언(John O'Brian) 신부 등 총 11명의 신부가 잡혀왔다. 대전 근처 야전병원에서는 페헤터(Hermannus Felhoelter) 군종신부가 인민군에 의해 희생되었다.[99]

한국천주교회는 한국에 공산주의가 도입된 초기부터 공산주의에 반대하는 입장을 가졌고, 특히 해방 후 남한 천주교회는 반공의 기수가 되었으며 '순교신심'과 '성모신심'을 통해 반공에 앞장섰다.[100] 따라서 북한 역시 종교 중에 천주교를 적 제1호로 규정하였으며, 인민군 장교에게 돌린 비밀통첩에서 신부 한 명을 적병력 1개 사단에 맞먹을 만큼 평가하라고 지령을 내렸다.[101] 그러나 외국인 신부들을 체포할 때는 사상이나 종교적인 이유에서가 아니라 주로 '국제스파이'라는 죄목으로 수감시켰다.[102] 예를 들면, 공세리 성당의 뷜토(J. Bulteau) 신부의 경우, 선교사가 남기고 간 짐에서 라디오가 나오자 이를 무전기라고 하면서 국제스파이로 누명을 씌웠으며, 브렌난, 쿠삭, 오브라이언 신부도 첩보원으로 취급하였다. 또한 왜 결혼하지 않고 일도 하지 않으며 백성들의 돈으로 살아가느냐고 심문당했다고 한

---

99) 목동 성당박해와순교사연구위원회(2007) 32, 35~36, 42.

100) 김정환(2007) 3쪽.

101) 중앙일보사(1986b) 159.

102) 목동 성당박해와순교사연구위원회(2007) 41.

다.[103) 북한 측은 남한의 여론에 신경 썼고 또 종교의 자유를 인정하는 외양을 보여야 했기 때문에 종교적 이유만으로 처벌한 경우는 드물었다. 또한 일반적으로 종교에서 직책을 가진 사람은 사회에서도 직위가 있는 사람이었으므로 사회적 지위를 이유로 처벌할 수 있었다. 천주교 신자 최복련은 인민군이 성당에 들어오자 강하게 항의했으나 조사만 받았지 처벌받지는 않았다.[104)

또한 정치보위부는 취조 장소였으므로 우익인사의 가족들도 많이 수감되어 있었다. 최익원은 감방에 노인, 여자, 아이들도 있었다고 하였다.[105) 이들은 학살사건 전에 풀려났다. 충주법원검사 아내가 수감되었다가 9월 24일 석방되었으며, 수감 중이던 목사 가족 5명도 풀려났고, 지주 가족이라는 이유로 잡혀온 유자길도 같은 감방에 갇혀 있던 7명과 함께 풀려났다고 한다.[106) 신자 최복련은 수감되지는 않았으나 수도원 취조실에 여섯 번을 불려가 다른 신부들의 행방을 말하라는 신문을 받았다.[107)

수감자들은 식사로 볶은 보리쌀을 아침, 저녁 한 주먹씩 두 번 받았다.[108) 식사는 수도원 근처에 있는 오두막집에서 마련했다고 한다.[109) 미군기의 폭격이 있을 때는 이를 막기 위해, 수감된 외국인들에게 옷을 벗어 비행기를 향해 흔들게 하는 일을 시켰다. 또한 지하실과 연계

103) 김윤배 면담(2007.8.28); 목동 성당박해와순교사연구위원회(2007) 123, 131.
104) 목동 성당박해와순교사연구위원회(2007) 73.
105) 우종창(2000) 274; 전인석 면담(2007.8.28).
106) 목동 성당박해와순교사연구위원회(2007) 43, 80, 133; 『이완규 진술조서』; 우희빈 면담(2008.5.27).
107) 목동 성당박해와순교사연구위원회(2007) 73~75.
108) 우종창(2000) 274.
109) 반공애국지사유족회(2003) 153.

된 방공호를 파는 일을 시키기도 하였다.110) 남자 수감자들은 대체로
최조 과정 중에 구타를 당했다고 진술하고 있다. 예를 들면 최익원은
예심과장에게 심사를 받았을 때 자신은 잘못한 것이 없다고 했더니
뒤에 있던 인민군 2명에게 시켜 자신을 주먹과 발로 때리게 했다고
하였다. 그는 끝까지 죄를 자백하지 않아 결국 석방되었고, 그의 고향
인 보령군 정치보위부에 가서 일하라는 지시를 받았으나 고향에 내려
가지 않고 근처 집에 숨었다고 한다.111)

(2) 희생 시기 및 과정

수도원 수감자들은 형무소의 경우와 유사하게 9월 25일부터 26일
새벽까지 수도원 및 수도원 근처 용두산에서 희생되었다. 24일에 신
부 3명이 먼저 희생되었다는 주장이 있으나112) 이 세 사람과 함께 수
감되어 있던 충주법원검사 아내가 24일 오후에 석방되었으며, 목동
성당 측도, 세 신부가 24일에 사망하였다고 기록되어 있지만 26일에
다른 신부들과 함께 처형된 것으로 보인다고 하였다.113) 이곳에 수감
되어 있던 최익원은 9월 25일 보령군으로 가라는 지시를 받았을 때만
해도 자신이 있던 감방 사람들이 살아 있었다고 했다.114) 그리고 26일

---

110) 목동 성당박해와순교사연구위원회(2007) 41.
111) 반공애국지사유족회(2003) 152~153; 목동 성당박해와순교사연구위원회(2007) 57~58.
112) 골롬반 외방선교회 성직자인 브렌난, 쿠삭, 오브라이언 신부가 24일에 희생 되었다는 주장이 있다(목동 성당박해와순교사연구위원회(2007) 76; 반공애 국지사유족회(2003) 154~155). 또한 성당 신자인 Tak Jai Ho와 Lee Kwon Suk 은 자신들이 수도원에 수감되어 있었다고 하면서 그곳에 있던 수감자들이 9월 26~27일 밤 동안 처형당했다고 진술하였다("G-2 Message"(1950.10.1), KWC 28C).
113) 목동 성당박해와순교사연구위원회(2007) 134.

아침 수도원에서 들어가 수감자들이 있냐고 물었을 때 한 명도 없다는 말을 들었다고 했다. 최익원은 같이 수감되어 있던 부친의 생사를 알고자 떠나지 않고 있었다.[115] 또한 26일 그는 수도원 수감자들의 밥을 지어주던 사람에게서 '어젯밤, 정치보위부원들이 수감된 사람들을 죽였다'는 말과 '오늘 아침에는 수감자들의 식사를 올려 보내지 않았다'는 말을 들었다고 했다. 정치보위부의 동태를 파악하러 갔던 동생으로부터는 인민군이 아침밥을 먹으며 우왕좌왕하고 있다는 말을 들었다고 했다.[116] 전인석도 최익원이 분명하게 추석 전날인 9월 25일이 학살일이었다고 말한 것을 들었다고 한 것을 볼 때 이 증언은 확실하다고 여겨진다.[117] 최익원이 진술한 당시 인민군의 상황은 이들이 후퇴 직전이었음을 짐작케 한다. 또한 피에 절어있는 당시의 충청남도 정치보위부 출근부가 발견되었는데 정치보위부원들의 근무상황은 9월 25일까지만 기록되어 있다.[118] 따라서 모든 진술과 기록을 종합해 볼 때 수도원 수감자들의 희생일은 25일부터 26일 새벽까지였다고 할 수 있다.

3) 대전경찰서

대전경찰서는 1945년에 대전시 중구 대흥동에 세워졌다. 현재 그 자리에 대전중부경찰서가 위치하고 있는데 이 건물은 새로 지어진 것

---

114) 우종창(2000) 276.

115) 목동 성당박해와순교사연구위원회(2007) 61; 반공애국지사유족회(2003) 153.

116) 우종창(2000) 275.

117) 전인석 면담(2007.8.28).

118) 충남도정치보위부, 「1950년도 출근부」, RG 242 Captured Korean Documents Doc No SA 2010.

이다.[119] 인민군이 대전시를 점령하자 대전경찰서에는 내무서가 들어섰다.[120] 경찰서는 건물과 마당을 포함하여 직사각형 형태이며 마당 북동쪽에 경찰서 건물과 유치장이 있고 서쪽에 두 개의 창고가 있다.[121] 경찰서 건물 및 경찰서와 연결되어 있는 유치장 건물은 진술과 사진을 종합해 볼 때 2층 건물인 것으로 추정된다.[122]

(1) 수감자 처우

경찰서에는 주로 포로들 즉 미군, 국군, 경찰이 수감되어 있었다. 이들은 부상자와 비부상자로 나뉘어 부상자들은 맨 뒤쪽 방인 왼쪽 방에, 비부상자는 오른쪽 방에 수감되었다. 부상자 방에는 매트를 깔았다.[123] 많은 사람들이 미군들은 2층에 수감되어 있었다고 하므로[124] 한국인들은 주로 1층에 수감되어 있었다고 볼 수 있다. 미군 포로들은 2층에 있는 두 개의 동향 뒤쪽 감방에 수감되어 있었다고 한다.[125] 독방도 있었으나 그곳에는 아무도 수감되지 않았다고 한다.[126]

---

119) 대전중부경찰서 경무과 전화면담(2008.7.23).

120) 박동규,「공술서」(1952.6.24), KWC 28A.

121) 송홍범,「공술서」(1951.10.1), KWC 28A; 이범일,「진술서」, KWC 28A.

122) 사진 208번, KWC 28A.

123) Shultice, "Affidavit"(1951.5.26), KWC 28B; "Statement of Kong Hak Kyun"(강학규 의미) KWC 28A. 그림을 볼 때 부상자는 유치장 건물에, 비부상자는 경찰서 건물에 수용된 것으로 보인다. 송홍범,「공술서」(1951.10.1), KWC 28A.

124) 미군은 충청도청 건물에도 수감되어 있었다("Statement of Kim Kyong Soo"(1952.7.23), KWC 28B; "Statement of Kim Kyong Soo"(1952.12.16), KWC 748). 윤옥동에 의하면 미군 포로 70명이 충청도청 건물에도 있었고 대전형무소에는 없었다(윤옥동,「공술서」(1952.6.27), KWC 28B). 대전형무소 간수장 곽종관에 의하면 미군포로는 대전경찰서 옥상, 충청남도청, 대전시청 옥상에 수감되어 있었다(「내치정전 제349호」, KWC 748).

125) Shultice, "Affidavit"(1951.5.26), KWC 28B; "Statement of Kong Hak Kyun," KWC

第二段에서 지속

寫眞을 찍은 後에 꺼내가지고 一ㅅ기 指紋을 찍고 있는걸
을 보았습니다. 屍体에서는 석은 내가 깔리어 나오고 헝겊들은
덮여 있었습니다. 고수가 까키 되어 SHULTICE 中尉가 와서 또
殺人訊問을 계속했습니다.

九月二九日 이날도 亦是 大田警察署에서 殺人訊問이 있었
습니다. 虐殺場所의 屍体는 櫻木있는데에서 塀가 南으로
구부러 가는데 까지는 메섭 메 있었것은 南쪽塀의 電柱 밑에서
기러어 놓는 屍体가 五六 發見되 있었습니다.

屍体는 全部 四二 인가 이었습니다. 屍体는 한사람 鮮人
같기도 한것을 除하고는 全部 美人이 있었습니다.

警察署位置와 塀의 位圖는 아래의 圖와 같습니다.

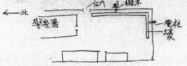

여러 날인가도 있었으나 二九日 인가 三〇日, 本人은 SHULTICE
中尉와같이 大田刑務所에 갔습니다. 正門으로 들어가서 後庭 壁
안의 마당에 많을 세줄인가로 넓게라고 擇服입은 老
老人 있어서 손을 뒤로묶어 쿠어서 가로 꼭 싹아놓은 것을
보았습니다. 한곳의 屍体는 없는것으로 보았습니다. 한 크面積
쯤 되리라고 생각했습니다.

本人, 李範日은 四頁호되 이 陳述書을 自筆로 作成하
였습니다. 이 陳述書는 本人에 依하여 自進하여 暴力
이나 威脅이나 恐怖로 받지 않고 오는 報酬로 받라 거나

〈그림 4〉 이범일 진술서
출처: KWC 28A(NARA 소장, 국립중앙도서관 이미지 제공)

28A; 강학규, 「공술서」(1953.9.15), KWC 28A.
126) "Statement of Kong Hak Kyun," KWC 28A.

또한 민간인도 90명 있었는데 매일 대전형무소 내지 목동 성당으로 이감시켰다고 한다.[127) 이종균은 한 방에 3명이 있었다고 했고 수감자 중 아무도 감방이 좁았다고 진술하지 않았으며 독방이 비어 있었다고 하는 것으로 미루어 한 방에 많은 사람을 수용하지는 않았다는 것을 알 수 있다.[128)

수감자 수용 상황은 다음과 같은 진술들로 그 변화를 추적할 수 있다. 9월 1일 경찰서에 감금된 강학규는 경찰서에 약 50명의 미군, 약 50명의 국군, 3명의 한국경찰이 있었다고 하였다.[129) 언제 경찰서에 수감되었는지 밝히지 않은 웨이넬은 44명의 미국인과 약 22명의 남한인 수감자들이 있었으며 이후 미군 2명이 죽어 미군은 모두 42명이 되었다고 하였다.[130) 경찰서 감찰계 사무실에서 발견된 칠판에는 "1950년 9월 17일 현재 미군 43명, 국방군 13명"이라고 적혀 있었다.[131) 이종균에 의하면 희생일 며칠 전에는 미군 42명과 한국인 13명이 있었는데, 미군 중 두 명이 병과 부상으로 죽어서 40명이 남았다고 하였다.[132) 따라서 인민군 점령기간 중 대전경찰서에서는 많게는 100명이 넘게, 적게는 50여 명이 수용되어 있었다는 것을 알 수 있다.

---

127) 윤옥동, 「공술서」(1952.6.27), KWC 28B.

128) 이종균, 「공술서」(1953.9.26); "Statement of Kong Hak Kyun," KWC 28A.

129) 강학규, 「공술서」(1953.9.15), KWC 28A.

130) Weinel, "Affidavit", KWC 28A.

131) 사진 Exhibit I, KWC 28A.

132) 이종균, 「공술서」(1953.9.26), KWC 28A. 이를 보면 시간이 지날수록 수감자 수가 줄어들었다는 것을 알 수 있는데, 박동규는 이와는 반대되는 진술을 하였다. 그에 의하면, 첫날 옥상에 있는 미군 포로를 보았을 때는 약 21명 가량이었으나 2, 3일 지나갈수록 증가되어 결국 인민군이 후퇴할 무렵엔 73명이나 되었다고 하였다. (박동규, 「공술서」(1952.6.24), KWC 28A). 그러나 그는 단지 외부에서 관찰한 마을 주민으로서, 생환자인 강학규, 웨이넬, 이종균의 진술과 감찰계 기록이 보다 정확하다고 할 수 있다.

이곳 대전경찰서에는 크게 두 유형의 수감자들이 있었던 것으로 판단된다. 하나는 전투 중 포로로 잡힌 미군, 국군, 경찰이며 다른 하나는 충남 각 지역 분주소, 내무서를 거쳐 온 우익인사들이다. 이 중 후자는 정치보위부인 수도원이나 대전형무소로 이송된 반면 전자인 포로들은 경찰서에 계속 수감되었다. 예를 들면 윤옥동은 피난 중에 국군 정보부 문관으로 활동했다는 이유로 치안대에 붙잡혀 유천면 내무서에서 대전내무서로 이송되어왔는데 이후 대전형무소로 이감되었다.133) 그는 이곳에서 문화동 인민위원장인 박재국에게 10일간 취조를 받았고, 8월 25일 대전형무소로 이감되었다.134) 반면 이곳에 끝까지 수감되어 학살 당시에 총을 맞았으나 죽지 않고 살아난 강학규와 이종균은 각각 국군과 경찰로서, 둘 다 전투 중에 부상을 당하고 포로로 잡혀 이곳에 끌려와 수감된 사람들이다.135) 일찍 포로가 되고 또 부상을 당하지 않은 군인의 경우 서울과 평양으로 이송되었다. 쿠마가이(Kumagai)는 7월 27일까지 대전에 있었으며 이후 서울로 이송되어 8월 20일부터 9월 20일까지 서울에 있다가 평양에 10월 10일 도착하였다. 서울에 오는 동안 죽은 포로는 없었는데, 서울에 있던 중 일부 따라가지 못한 포로들 10~15명이 총살되었다고 들었다고 한다. 처음에 모두 376명이었는데 평양에 296명이 갔으며 나머지는 죽었다. 평양에는 10월 20일까지 있었고 탈출을 시도한 미군 4명이 죽었다고 한다. 서울에 있는 동안 맞거나 부당한 대우를 받은 적은 없었는데, 평양에서의 대우는 매우 좋지 않았다고 한다.136) 이를 보면 인천상륙

---

133) 윤옥동, 「공술서」(1952.6.27), KWC 28B.

134) 윤옥동, 「공술서」(1952.6.27), KWC 28B.

135) 강학규, 「공술서」(1953.9.15), 이종균, 「공술서」(1953.9.26), KWC 28A.

136) "Affidavit of Sergeant Takeshi Kumagai"(1950.10.9), KWC 132.

작전으로 인해 인민군이 급하게 후퇴할 일이 없었더라면 대대적인 학살은 없었을 것이라는 것을 추측할 수 있다.

수감 중 부상당한 포로들은 의사에게 치료를 받았다. 쿠마가이는 북한인 의사가 두 번 방문하여 치료를 해줬다고 하였으며[137] 웨이넬은 남한 의사에게 치료를 받았다고 하였다.[138] 적십자구호소 외과 임시대리 계장으로 있던 의사 김기성은 이곳 환자들을 치료하고 수술하였다고 진술하였다.[139]

웨이넬은 경찰서에 수감되어있는 동안 음식을 아주 조금 받았는데, 대부분 쌀죽이거나 작은 주먹밥이었다고 했다.[140] 환자에게는 쌀죽을, 건강한 이에게는 주먹밥을 주었다고 볼 수 있다.[141] 한 미군 시신에서 수감자 명부가 발견되었는데, 거기에는 43명의 이름, 계급, 도착일자 등이 적혀 있었고 이름 뒤에 S 또는 B라고 적혀 있었다. 이때 S는 rice soup 즉 쌀죽, B는 rice ball 즉 주먹밥을 의미한다.[142] 또한 이들은 식권도 만들어 사용하였다. 어떤 병사는 주먹밥을 두 개씩 얻는다는 소리를 듣자 내무서 측은 '밥표'를 만들어 한 사람에게 꼭 하나씩 먹게 했다고 한다.[143] 이 식권에는 수감자 이름과 밥 또는 국이라고 적혀 있었다.[144] 경찰포로 이종균에 의하면 처음에 미군들은 밥이 입에 맞지 않아 먹지 못했고 울었다고 한다. 그래서 이종균과 박씨란

137) "Affidavit of Sergeant Takeshi Kumagai"(1950.10.9), KWC 132.

138) Weinel, "Statement"(1950.10.1), KWC 28A.

139) 김기성, 「구공서」(1951.9.26), KWC 28A.

140) Weinel, "Affidavit", KWC 28A.

141) 이종균, 「공술서」(1953.9.26), KWC 28A.

142) KWC 28A.

143) 이종균, 「공술서」(1953.9.26), KWC 28A.

144) Shultice, "Affidavit"(1951.5.26), KWC 28B.

사람이 돈을 모아 보초에게 주어 고구마를 사서 미군에게 주고 대신 그들에게 밥을 받았다고 했다. 미군들은 고구마를 얻는 대신 담배갑, 작업복, 인식표 줄 등을 주었다. 또한 이들은 몰래 담배를 신문지에 말아 피우기도 했다. 약 일주일 후 미군들도 밥을 먹을 수 있게 되자 내무서 측은 밖에서 음식을 사들이는 것을 금했다.[145]

경찰서 근처에 살면서 포로들의 식사를 담당한 박동규는 미군 포로들이 배고픈 시늉을 할 때 주먹밥, 호박, 누룽지 등을 갖다 주었다고 했다.[146] 박동규는 내무서 건물 근처인 대흥동 516번지에 살았는데 1950년 7월 말경 인민군의 강제에 못 이겨 내무서의 포로에게 공급될 식사를 3일간 해주었으며 자신의 식량을 제공하였다고 했다. 8월 2일부터는 직접 내무서에서 식사를 제공했는데, 내무서원들이 미군 포로 4명을 시켜 대전시 대흥동에 있는 전 한국헌병본부(대전지구)에서 식사를 운반시켜 가는 것을 보았으며 이것은 후퇴 당시까지 계속되었다고 하였다. 그러나 8월 3일부터 내무서원의 강제와 공포에 못 이겨 이들이 후퇴하기까지 내무서 식사를 자신과 처가 계속 제공해 주었다고 했다. 이종균도, 경찰서 근처 음식점에서 밥을 준비했으며 그와 2명의 미군이 밥을 날랐다고 했다.[147]

포로들이 배급받은 식량은 적지 않았던 것 같다. 강학규는 하루 2홉(320그램)의 쌀밥과 약간의 소금을 받았다고 했으며[148], 밥을 제공한 박동규는 처음엔 주먹크기 정도의 쌀밥(外米)을 주었으나 나중에

145) 이종균, 「공술서」(1953.9.26), KWC 28A.
146) 박동규, 「공술서」(1952.6.24), KWC 28A.
147) 박동규, 「공술서」(1952.6.24), KWC 28A; 이종균, 「공술서」(1953.9.26), KWC 28A.
148) 강학규, 「공술서」(1953.9.15), KWC 28A.

는 보리쌀을 주었다고 했다. 대전경찰서에 수감되어 있었던 것은 아니나, 인민군에게 잡혀 4일간 포로가 되었었던 로데스(Rhodes)는, 7월 20일 오전 10시 반에 1.5 파운드(681그램)의 밥을 받았고 그날 밤 4개의 과자를 받았다고 하였다. 21일 오후 6파운드(2,724그램)의 밥을 받고, 22일 정오 즈음에 1.5 파운드의 밥을 받았다고 했다.[149] 이 분량이 요즘 기준으로는 많다고 할 수 있으나 그때는 그것이 일반적인 것이었던 것 같다. 당시 인민군 1인당 지급 식량이 1일 600~800그램이었으며 8월 중순 이후에도 400그램씩 받았다.[150] 이 무게는 밥이 아닌 쌀을 기준으로 한 것으로, 밥을 할 경우 그 양은 두 배로 늘어난다.

미군 포로들은 매일 아침 4시간씩 자신의 방을 청소해야 했으며 어떨 때는 하루 종일 청소작업을 시켰다고 했다.[151] 이종균에 의하면 미군들은 장작을 패고 나르고, 쓰레기 버리고, 밥 나르는 일을 하였다. 한국인 포로들은 일을 시키면 그 틈을 타 탈출할 수 있어서 일을 시키지 않았다고 한다.[152] 또한 미군들에게, 수도원에서 외국인에게 시킨 것과 마찬가지로 비행기 공습을 막기 위해 옥상에서 미국 국기나 백기를 흔들게 했다.[153] 사진을 보면, 경찰서 건물의 벽면이 일부 벗겨져 있고 창이 깨져 있는데 이를 통해 경찰서에 폭격이 있었다는 것을 알 수 있다.[154] 또한 경찰서에는 인민군들이 마음대로 들어와 포로들의 옷을 빼앗았고 이에 저항할 경우 구타하였다고 한다.[155]

---

149) KWC 163.

150) 서용선(1995) 52.

151) "Statement of Kong Hak Kyun," KWC 28A; 윤옥동, 「공술서」(1952.6.27), KWC 28B; 박동규, 「공술서」(1952.6.24), KWC 28A.

152) 이종균, 「공술서」(1953.9.26), KWC 28A.

153) 박동규, 「공술서」(1952.6.24), KWC 28A.

154) 사진 208번, KWC 28A.

(2) 희생 시기 및 과정

형무소 및 수도원 수감자들이 9월 25일에서 26일 새벽까지 희생된 반면, 경찰서 수감자들은 그 다음 날인 9월 27일 새벽 3시경에서 5시까지 희생되었다. 그 희생된 순서는 한국인 포로, 미군 포로, 부상자 순이었으며 그것은 다음과 같은 진술에서 확인된다. 포로였던 강학규는 한국인들이 총살된 후 미군들이 총살되기 위해 정렬해 있는 것을 보았다고 했다. 인민군 송홍범은 자신은 미군포로 40명을 총살하였는데 자신이 쏘지 않은 오른쪽 구덩이에 시체가 있었다고 했다. 그리고 다음에 부상병들이 총살되었다고 했다. 오른쪽 구덩이의 시신은 이미 총살된 한국인 포로라고 할 수 있다. 미군 포로 웨이넬은 한국인들을 끌고 나가더니 총소리가 났고 그 다음 걸을 수 있는 미군들을 끌고 나갔다고 했다. 자신은 걸을 수 있는 미군의 마지막 그룹에 속해 있었는데 그 다음 부상자들이 구덩이에 던져지고 총살되었다고 했다. 마지막 그룹인 부상자 그룹에 속한 이종균은, 자신은 27일 새벽 5시경 들것에 실려 구덩이에 던져졌는데 그 전에 이미 사람들이 총살되었다고 했다.[156]

이들의 진술을 종합하면 그 과정은 다음과 같이 정리될 수 있다.

9월 26일 아침 멀리서 미군 대포소리가 들렸는데, 이날(추석) 북한인들은 하루 종일 '쌀잔치'를 열었고, 밤에 매우 바쁘게 움직였다.[157] 인민군 3사단 9연대 5대대 2중대는 9월 27일 새벽 3시경 후퇴 준비를

---

155) "Statement of Kong Hak Kyun," KWC 28A; Weinel, "Affidavit", KWC 28A; Weinel, "Statement"(1950.10.1), KWC 28A.

156) Weinel, "Statement"(1950.10.1), KWC 28A; 강학규, 「공술서」(1953.9.15) KWC 28A; 이종균, 「공술서」(1953.9.26) KWC 28A; 송홍범, 「공술서」(1951.9.6) KWC 28A 참조.

157) Weinel, "Statement"(1950.10.1), "Affidavit", KWC 28A.

마치고 중대장의 인솔 하에 화물자동차로 대전경찰서로 가서 후문으로 들어갔다. 그곳에는 이미 벽을 따라 기역자로 호가 파여져 있었고 내무서원 약 25명이 있었다. 그날은 달이 밝아서 모든 것이 잘 보였다고 한다.[158] 북한인들은 우선 한국인 포로들을 모두 깨우더니 밖으로 데리고 나가 두 명씩 손을 묶어 기역자 호의 오른편에 집어넣고 총을 쏘았다.[159] 그런 다음 미군 포로에게 가서, 걸을 수 있는 사람들을 서울로 데리고 간다면서 끌고 나와 다섯 명을 한 그룹으로 하여 총 4~7 그룹으로 데리고 나왔다. 처음에는 한 그룹씩 끌고 나가더니 막바지에는 서둘러 남은 미군들을 모두 한데 데려갔다. 이들도 2~3명씩 손을 같이 묶어 왼쪽 호에 들어가라고 한 다음 총살했다.[160] 다음에 부상자들을 한 명씩 들것에 운반하여 호에 집어넣고 총살하였다. 이때가 새벽 5시경이었다고 한다.[161]

---

158) 송흥범, "공술서"(1951.9.6), KWC 28A.

159) Weinel, "Statement"(1950.10.1), "Affidavit", KWC 28A; 강학규, 「공술서」(1953.9.15) KWC 28A 참조. 미군을 쏜 송흥범이 왼쪽 호에 총살했다고 했으므로 오른쪽 호에 한국인들이 있었다. 송흥범, 「공술서」(1951.9.6), KWC 28A. 미군 보고서 역시, 한국인 시신은 남쪽(시신을 보았을 때 오른쪽) 호에서 발견되었다고 했다. 또한 희생자 대부분의 손목이 밧줄로 묶였고 많은 경우 두 명씩 묶였다고 한다("Case History to accompany Reports of Interment covering Unknown Americans X-51 thru X-90, United Nations Military Cemetery, Taejon, Korea," KWC 28A).

160) Weinel, "Statement"(1950.10.1), "Affidavit", 송흥범, 「공술서」(1951.9.6), KWC 28A. 송흥범에 의하면 미군들을 벽에 세워놓고 총살했다고 했는데, 웨이넬은 호에 들어가 앉으라고 명령받고 총살되었다고 했다. 강학규, 「공술서」(1953.9.15), Shultice, "Affidavit"(1951.5.26), KWC 28B. 송흥범은 총 8그룹이라고 했고 웨이넬은 처음에 네 그룹이었다가 마지막에 모두 한데 데리고 나갔다고 했다. 웨이넬에 의하면 맨 나중에 총살된 미군 부상병이 4~5명이었다고 하므로, 총 40명에서 부상병 4~5명을 뺀 나머지 미군은 75명 정도 되므로 8그룹은 아니고 최대 7그룹이 된다.

161) Weinel, "Statement"(1950.10.1), "Affidavit," KWC 28A; 송흥범, 「공술서」(1951.9.6),

 따라서 요약하면, 9월 27일 새벽 3시가 지난 후 인민군과 내무서원들은 한국인 포로에 대한 총살을 시작으로 미군포로, 그리고 마지막으로 새벽 5시경에 부상자들을 총살하였다.

4. 희생 규모

 여러 가지 기록과 진술을 분석·비교하여 볼 때, 인민군 점령기간 중 대전 내 좌익에 의한 희생의 규모는 약 1,500여 명이다. 충남도청은, 희생 직후인 1950년 10월초 대전형무소 형무관들이 중심이 되어 목동과 중촌동 총 5군데에 임시로 가매장된 시신들을 1952년에 다시 수습하여 합동안장하면서 희생자 수가 1,557명이라고 발표했다. 이 희생자들은 대전형무소 수감자들만이 아니라 대전시 다른 건물에도 감금되어 있던 희생자들을 포함한다. 그것은 아래의 글에서도 확인이 된다.

> … 본(本)도 각 지방에 대피 은거 중에 있던 애국동지로서 공산도당으로 하여금 대전시내(당시괴뢰기관)로 납치 감금되어 무수한 신고(辛苦)를 당하던 중…(중략)…당년 9월 28일 대전시 탈환수복 전야에 전기한바 감금된 동지 일천오백오십칠명이 비인도적이며 야수적인 만행으로써 무참히 학살당한 피화체백(被禍體魄)을 관민협력으로서 대전시내 목동, 중촌종, 기타 수 개 장소에 가매장하였든바162)

　　KWC 28A, 이종균, 「공술서」(1953.9.26), KWC 28A 참조.
162) 「애국지사합동장의취지서」 25쪽; 반공애국지사유족회(2003) 264; 전인석 면담(2007.8.28). 각 지에 가매장되었던 시신은 이후에 합쳐져 총 1,547구가 용두동 지사총에 안치되었다(한국교정사편찬위원회(1987) 520).

KWC 748 문서에 포함되어 있는 1952년 8월 31일 "내치정전(內治情戰) 제349호"도 1,500여 명이 희생된 것으로 쓰고 있다. 이 문서에 따르면, 당시 대전형무소 및 그 주변에 일어난 사건에 대해 잘 알고 있는 대전형무소 간수장 곽종관이 증언하기를, 대전형무소에는 우익 인사 약 1,500명가량이 수감되어 있다가 아군의 진주로 말미암아 인민군이 후퇴하면서 도랑 등 형무소 내외에서 총살하고 우물 등에 넣어 죽인 사실이 있다고 하였다. 그의 그러한 진술은 미전범조사단의 요청에 의한 것이었다. 미 전범단은 1951년 12월 1일 인민군 포로 노의섭으로부터 대전형무소에서 미군 180명과 국군 20명을 불태워 죽인 일이 있다는 진술을 듣고 조사를 개시하면서 내무부에 그러한 사실이 있는지에 대한 조사를 요청하였다. 이에 내무부는 「내치정전」 제349호를 통해 그러한 사실이 없다고 밝혔다. 그 내용의 일부는 다음과 같다.

> 당시의 형무소 내외 부근에서 발생한 사실에 관하여 숙지하는 太田형무소 간수장 郭鍾寬에 대하야 엄밀 조사한 결과 前顯 郭鍾寬의 증언에 의하면 동 형무소에는 1명의 미군도 수감되였든 사실이 없을뿐더러 당시 미군 포로는 太田경찰서 옥상 충청남도청 및 太田시청 옥상 등에 수감되어 있었고 太田형무소에는 우익 진영의 인사 약 1,500명가량이 수감되어 있던바 아군의 진주로 말미암아 渠 등 괴뢰가 후퇴 시 刑務 내 혹은 獄 외에서 총살 또는 洞所 내외에 有한 우물에 투입 학살한 사실은 有하나 미군을 비롯하야 국군 약 200명을 동 형무소 내에 감금식히고 "불살려 죽인" 사실은 전무함. 현재 太田형무소가 다량 파괴된 것은 당시 UN군의 공습에 의하여 파괴되였다 함.163)

---

163) 「내치정전」 제349호, KWC 748.

즉 이렇듯 내치정전 제349호는 내무부가 미 전범단에 보고한 것으로, 전범단은 이 문서에 분명히 제시된 '1,500명' 희생이라는 한국 정부의 보고를 받았음에도 이를 무시하고 자신들이 수집한 불분명한 증언에 의존하여 5,000~7,000명이 희생되었다고 결론지었던 것이다. 당시 내무부가 우익의 희생자 수를 과장하면 했지 축소할 이유는 분명 없었음에도 말이다. 이를 보면 미전범단의 조사는 전범 전문가 란쯔(Lanz)도 인정했듯이 진실규명을 위한 것이라기보다 적을 비난하기 위한 것이며 그 목적을 위해서는 사실도 왜곡하고 있음을 알 수 있다.

　1,500여 명과 비슷한 수치로서는 1,700명이 희생되었다고 진술한 경우가 있다. 생환자 안봉석은 대전형무소에 끌려갔을 때 1,700명의 정치범이 감금되어 있었는데 이들이 처형되었다고 했고,164) 충남도경 사찰과장 유붕열은 1,724명이 희생된 것으로 기억한다고 하였다.165) 그러나 이 두 사람의 진술은 위의 경우처럼 엄밀한 조사를 통해 확인되거나 공식적 문서로 발표된 숫자가 아니다. 그렇지만 사찰과장 유붕열이 말한 1,724명이라고 하는 수치는 무시하기에는 너무 구체적이다. 1,724명은 아마도 희생자 수가 아닌 수감자 수로서, 희생 직전 풀려난 수감자의 수가 포함된 수일 가능성이 있다. 당시 수감자 명단이 발견되었다는 진술이 있다. 임성연은 사건직후 대전재판소에서 만난 사람을 통해, 형무소 사무실에서 수감자 명단을 발견하였는데, 그 명단에는 수감자의 지역과 직업이 표시되어 있었다는 말을 들었다고 하였다. 그러나 사형자 명단은 작성을 안 했는지 없었다는 말을 들었다

164) "Summary of Information"(1950.10.1, Subject: Am, Bong Suk), KWC 28B; 그는 두 번째 진술인 51년도 진술에서는 7,200명이 희생되었다고 다르게 말하였다(안봉석,「청취서」(1951.5.7), KWC 28B).
165) 중앙일보사(1985b) 97. 내무부에서 발표한 충남 학살자 총 수가 5,561명이다(내무부(1953) 212~213; 서용선(1995) 66).

고 했다. 최복련 역시 인민군들이 후퇴하면서 희생자 명단을 흘리고
갔다고 들었다고 하였다.[166]

이와 다른 수치를 제시한 경우로 가장 잘 알려진 것은 마크 클라크
(Mark W. Clark) 전 유엔군사령관의 보고서로 그는 5,000여 명이 희생
되었다고 했다. 클라크 사령관은 롯지 미 유엔대사를 통해 유엔에 공
산군에 의한 학살에 대한 보고서를 제출하였는데, 그 보고서는 KWC
문서의 내용을 인용하여 대전에서 미군 포로 42명, 국군 포로 17명,
민간인 5천명이 학살되었다고 주장하고 있다.[167] KWC 보고서는
5,000~7,200명의 남한 민간인과 국군 포로가 희생되었다고 하였다.[168]
이는 당시 대전형무소 생환자들이 진술한 수치 중 최대치를 그대로
보고한 것으로, 그 진술의 확실성이나, 다른 수치와 차이가 나는 이유
등에 대해 설명하지 않고 있다. 예를 들면 전범단 보고서에 포함되어
있는 안봉석의 51년 진술서에는 약 7,200명이 학살되었다고 했고[169]
윤옥동은 당시 대전형무소에는 4,500명이 수감되어 있었는데 이들이
모두 총살당했다고 했으며,[170] 손병길은 남한인 7,000명이 있었는데
첫날 1,500명의 처형을 시작으로 이런 학살이 3일간 계속되었다고 했
다.[171] 클라크 보고서나 미 전범단 보고서는 이들의 진술을 여과 없
이 반복한 것이다.

그러나 이들 진술이 갖는 문제는 다음과 같다. 우선 7,200명이 희생

---

166) 반공애국지사유족회(2003) 214; 목동 성당박해와순교사연구위원회(2007) 78.
167) 반공애국지사유족회(2003) 160~164.
168) "Legal Analysis of Korean War Crimes Case Number 28B"(1953.9.23), KWC 28C.
169) 안봉석, 「청취서」(1951.5.7), KWC 28B.
170) 윤옥동, 「공술서」(1952.6.27), KWC 28B.
171) 손병길, 「공술서」(1952.6.28), KWC 28B.

되었다고 말한 안봉석의 진술은 일관성이 없다. 그는 앞서 언급했듯이 감방의 수감자 수도 과장해서 진술하였다. 그것은 아마도 전체 희생자 수의 근거를 대기 위해 감방에 많은 인원이 있었다고 말한 것 같다. 그는 진술을 두 번 하였는데, 1950년 9월 30일 첫 진술에서 대전형무소에서 1,700명이 처형되었다고 하였다. 그러나 51년 5월 7일 진술에서는 7,200명이 학살되었다고 했다.[172] 첫 진술의 수치는 충남도청이 발표한 희생자 수 1,557명과 유사하지만 두 번째 진술의 수치는 처음 말한 수치보다 4배나 증가되었다. KWC 28C 문서에서도 안봉석의 두 번의 진술이 불일치했음을 지적하고 있다. 그의 진술이 신뢰할 수 없다고 하는 것은, 그가 다른 문제에 대해서 사실과 다르게 진술하였다는 데서 드러난다. 그는 대전경찰서에서 미군 7~80명과 대전 시청 2층에서 미군 몇십 명이 학살되었다고 들었다고 했다.[173] 그러나 미전범단 조사에서도 대전 내 미군 학살은 대전경찰서에서의 40명의 희생이 전부이다.

생환자 윤옥동과 손병길도, 각각 4,500명, 7,000명이 희생되었다고 했는데 이 역시 본인이 직접 목격한 것이 아니라 들은 사실이라고 말했다. 사실상 그들은 자신들이 끌려간 장소에서 발생한 희생자 수만을 정확히 알 수 있으며 전체 수는 들은 것에 기초할 수밖에 없다. 이들의 진술이 신뢰하기 어려운 또 다른 이유는, 이들은 진술할 당시 미군 기관에서 일하고 있었다는 점 때문이다. 윤옥동은 미171육군병원 종업원이었으며 손병길은 제504미보급부대 종업원이었다.[174] 따

172) "Summary of Information"(1950.10.1., Subject: Am, Bong Suk), KWC 28B; 안봉석, 「청취서」(1951.5.7), KWC 28B.
173) 안봉석, 「청취서」(1951.5.7), KWC 28B.
174) 윤옥동, 「공술서」(1952.6.27), KWC 28B; 손병길, 「공술서」(1952.6.28), KWC

라서 이들은 이곳에서 미군들이 하는 말을 듣고 그대로 진술했거나 아니면 미군이 시키는 대로 진술했을 가능성이 있다.

두 번째로 자주 인용되는 희생자 수치는 생환자 이갑산이 진술한 수치로 6,832명이다.[175] 대전형무소에서 이갑산은 취사당번을 하러 취사장에 갔다가 칠판에 쓰인 6,832란 숫자를 보았기 때문에 수감자 수가 6,832이라고 생각했다고 한다.[176] 그러나 이갑산을 취재한 월간조선 우종창 기자도, 교도관의 증언에 따르면 형무소는 3,000명 이상은 수용이 불가능하므로, 6,831[177]은 하루 전체 급식량 즉 두 끼를 먹이는 숫자로서, 급식 받는 인원수는 3,415명일 수 있다고 지적했다. 또한 3,415명 중에 훈련받던 인민군 지원병 수와 형무소 경비 인원을 빼면 대전형무소에서 수용할 수 있는 인원에 근접한다는 것이다. 이러한 지적에 대해 이갑산은 그것까지는 생각해보지 않았다고 대답했다.[178] 실제로 6,831란 숫자 앞에 급식인원이란 글자는 없었다고 한다.[179] 그러나 앞서 보았듯이 대전형무소는 당시 1,500명을 수용하고 있었으며, 3,000명 정도가 수용될 만큼 모든 감방에 인원이 꽉 차 있지 않았다. 예를 들면 6사 1호 감방은 옷 보관창고로 사용하는 등 150개 모든 감방에 사람들을 수용하지도 않았다.[180]

전체 희생 규모는 각각의 희생 장소에서 발견된 시신 수의 합으로도 추정할 수 있으므로 각 장소의 희생 규모를 파악할 필요가 있다.

28B.
175) 대전광역시사편찬위원회(2002) 1482.
176) 우종창(2000) 273.
177) 이 글에서는 6,832가 아닌 6,831로 되어 있다(우종창(2000) 273).
178) 우종창(2000) 273.
179) 목동 성당박해와순교사연구위원회(2007) 69.
180) 우종창(2000) 272.

대전지역 전범사건 조사를 담당했던 슐티스(Shultice)는 대전지역 내
좌익에 의한 집단희생 장소를 크게 대전형무소, 프란치스코 수도원
및 그 주변의 용두산 일대, 대전경찰서로 파악하였다.[181] 생환자, 가
해자, 목격자들도 이 장소에서 집단희생이 있었다고 진술하였다. 문
서 및 증언 내용을 종합해 보면 장소별로 발견된 시신 수는 대전형무
소 약 500명, 목동 성당 및 수도원 약 110명, 대전경찰서 15명,[182] 용
두산 600여 명, 기타 지역 100명 내외 정도로 모두 합치면 약 1,300명
정도이며, 기타 기록에 나타나지 않은 희생 장소의 시신까지 더할 경
우, 충남도청이 발표한 1,557명이 될 수 있다. 장소별 희생자 수는 다
음과 같이 파악된다.

1) 대전형무소

대전형무소에서 갇혀 있던 수감자들은 주로 형무소 후문 쪽 밭고랑
과 우물에서 피살되었다.[183] 시신이 발견된 밭고랑은 감옥 북쪽 공장
옆에 온실로 사용되었던 곳이고, 우물은 취사장 두 군데에 있었다.[184]
밭고랑에서 300구, 두 우물에서 171구, 도합 471구의 시신이 나왔다고
하며,[185] 유족이 일부 찾아갔을 가능성을 고려하면, 약 500명이 대전
형무소 내에서 피살되었다고 할 수 있다. 이준영도 2개의 우물과 온

---

181) Shultice, "Report of Investigation"(1950.10.9), KWC 28A.
182) 이 수치는 미군 40명을 뺀 한국인 희생자만을 계산한 수치이다.
183) 이곳 이외에 용두산, 도마리, 탄방리에 끌려가서 희생되었다.
184) 반공애국지사유족회(2003) 145; Shultice, "Affidavit"(1951.5.26), KWC 28B;
     KWC 28C; 전인석 면담(2007.8.28). 전인석은 온상이 철공장 옆에 있었다고
     했고, 송효순은 직조공장 옆이라고 했다(송효순(1979) 256).
185) 송효순(1979) 242; 심재기(1993) 113.

실에서 발견된 시신 수는 500구 정도로 추정된다고 하였다.186) 『한국
교정사』는 가족이 없거나 식별이 불가능한 시신이 471구가 남았다고
하였는데187) 이는 심재기와 『붉은 대학살』에서 밝힌 시신 수와 일치
한다. 그리고 가족에 의해 수습된 시신이 20여구 정도라고 했으므
로188) 이 두 수치를 합하면 500구 정도 된다. KWC 28B에는 600명의
수감자가 대전형무소 담장 안에서 처형되었다고 기록되어 있다. 여기
서도 미군 측은 실제보다 100명 정도를 더 추가시켰는데 어떻게 그런
수가 나왔는지에 대해서는 설명이 없다.

(1) 형무소 내 밭고랑

대전형무소 북쪽 후문에는 농사용 온상이 있었는데 이곳 밭에 깊게
파인 고랑에서 형무소 수감자 시신들이 발견되었다. 9월 29일 또는 30
일 경 슐티스와 함께 통역을 위해 형무소에 간 마을 주민 이범일은
대전형무소 뒷마당의 고랑에서 한복 입은 청년과 노인 시신들이 쌓여
있었는데 약 300구 정도로 보였다고 했으며189) 『붉은 대학살』에서도
이곳에서 정확히 300구의 시신이 나왔다고 쓰여 있다.190) 10월 3일 대
전형무소를 인수한 특경대장 이준영191)은 형무소 후문의 농사용 온상

---

186) 우종창(2000) 271.
187) 한국교정사편찬위원회(1987) 520.
188) 송효순(1979) 294.
189) 이범일, 「진술서」, KWC 28A.
190) 송효순(1979) 294.
191) 대전형무소 형무관 및 특경대장 이준영은, 형무관 22명으로 편성된 특경대
　　원들과 함께 10월 3일 대전형무소를 인수하면서 시신 수습을 하였는데(중
　　앙일보사(1985b) 98), 22명으로는 시신들을 도저히 수습할 수가 없어서 10월
　　4일 도경찰국을 찾아가 수감 중인 좌익 사범 7명을 지원받고 2~3개 동민을
　　윤번제로 고용하여 시신을 수습하였다고 한다(우종창(2000) 268; 송효순

에 길이 60m 가량의 고랑이 양쪽으로 두 개가 있었는데, 고랑마다 각각 두 줄로 시체가 포개져 있었으며, 어림잡아 200구가 넘었다고 하였다.192)

같이 시신 처리 작업을 했던 형무관 김익수는 좀 다른 진술을 하였는데 그는 10월 10일경 대전형무소 북쪽 문 앞의 고랑에서 약 454구의 시신을 보았다고 하였다.193) 그러나 10월 10일이면 시신 수습이 시작된 지 며칠이 지난 후로서, 우물에서 나온 시신이 마당에서 나온 시신과 함께 형무소 후문에 놓였을 가능성이 있다. 왜냐하면 우물에서 나온 시신들은 형무소 후문 쪽에 모아 화장되었고,194) 밭고랑의 시신들도 형무소 후문에 모아졌기 때문이다.195) 이를 뒷받침 하는 것이, 두 우물에서 147구의 시신을 보았다는 김익수의 진술이다.196) 『붉은 대학살』에서는, 두 우물에서 171구의 시신이 나왔다고 했으므로197) 이미 우물에서 후문 쪽으로 시신이 일부 옮겨진 후에 김익수가 시신을 본 것이라 할 수 있다. 안봉석은 형무소 마당에서 400~500명이 매몰되었다고 했는데, 그는 형무소 북쪽 담 밑에 길이 50미터의 구덩이가 네 줄이었다고 진술198)함으로써 구덩이가 두 줄이라고 언급한 슐티스와 이준영의 진술과 다르기 때문에 그 숫자도 신뢰하기 어렵다.

(1979) 292~293.

192) 우종창(2000) 268. 9월말 대전형무소를 갔었던 슐티스 역시 대전형무소 마당 안에 한국인 시신으로 가득 찬 두 개의 긴 고랑을 보았다고 하였다 (Shultice, "Affidavit"(1951.5.26), KWC 28B).

193) Kim Ik Soo, "Statement"(1952.6.18), KWC 28B.

194) 반공애국지사유족회(2003) 147.

195) 『월간조선』(2000.6) 268.

196) Kim Ik Soo, "Statement"(1952.6.18), KWC 28B.

197) 송효순(1979) 295.

198) 안봉석, 「청취서」(1951.5.7), KWC 28B.

희생자들은, 시신 목격자와 생환자의 진술을 종합해 볼 때, 총살당한 후 고랑에 묻혔다. AP통신 기자 벤 프라이스는 희생자들이 한사람씩 머리 또는 신장에 총을 맞아 고랑 속에 묻힌 것으로 추정된다고 하였으며[199] 임남철은 고랑에 있던 시신들의 머리와 가슴에 총구멍이 나 있었다고 했다. 서재호, 박종철도 수감자들이 총살당한 후 묻혔다고 들었다고 하였다. 이분옥은 남편인 박장오와 함께 끌려갔다가 생환한 사람으로부터 수감자들이 총살당한 후 고랑에 묻혔다고 들었다고 하였다.[200] 송효순은 1941년 소련이 독일 비밀경찰의 기관총을 변형시켜 만든 따발총, 즉 스파킨 자동소총(북한식 표현으로는 '두르래기')으로 고랑에 일렬로 앉힌 수감자들을 쏘았다고 쓰고 있다.[201]

이준영에 의하면 이 장소의 시신들은 유가족들이 금니나 옷차림을 보고 찾아가기도 하여[202] 약 20여구의 시신이 가족에 의해 확인되었다.[203]

(2) 취사장 우물

대전형무소는 수도 시설이 없었기 때문에 우물을 식수원으로 사용하였다. 형무소 내에는 모두 4개의 우물이 있었는데, 취사장에 2개, 목(木)공장과 세탁공장에 하나씩 있었다. 시신이 발견된 우물은 취사장에 있던 2개의 우물이다.[204] 이 우물은 각각 직경 2미터, 1미터로서,

---

199) 송효순(1979) 290.
200) 「서재호 진술조서」; 「임남철 진술조서」; 「박종철 진술조서」; 박종임 면담 (2008.9.4).
201) 송효순(1979) 260, 290.
202) 중앙일보사(1985b) 98.
203) 송효순(1979) 294.
204) Kim Ik Soo, "Statement"(1952.6.18), KWC 28B. 안봉석은 대전형무소 우물 3

하나는 취사실 앞에, 다른 하나는 취사실로부터 10미터 떨어진 곳에
있었다. 직경 2미터의 우물은 둘레 6.3미터, 깊이 11.6미터, 수심 5.5미
터, 수량 13,880리터이고, 직경 1미터의 우물은 깊이 2미터이다.[205] 이
곳에서 시신 171구가 인양되었다고 한다.[206] 이준영은 취사장 옆에
있는 두 개의 우물에 시체가 꽉 차 있었는데, 한 우물에서 끄집어낸
시신이 100구가 넘었다고 하였다.[207] 당시 우물의 시신을 수습했던
안귀종은, 도저히 맨정신으로 시신을 끌어낼 수가 없어서 막걸리를
마시고 작업했다고 했으며『붉은 대학살』역시 같은 사실을 기록하고
있다.[208] 김익수는 이 두 우물에서 147구의 시신을 보았다고 하였는
데,[209] 이는 앞서 언급했듯이 10월 10일에 목격한 것으로 시신 일부가
이미 형무소 후문 쪽으로 옮겨진 이후라고 할 수 있다.

우물 속 시신들의 형태는 두 사람씩이 하나로 철사로 묶여 차곡차
곡 포개져 있었는데, 머리는 터지고 코는 문드러지고, 온 몸이 찌그러
져서 누가 누구인지 확인할 수 없었다고 한다. 시신들 사이사이에는
벽돌, 기왓장, 솥뚜껑 등이 있었다고 한다.[210] 수감자들이 우물에 생
수장되었다는 진술이 있으나 이 진술은 직접 본 사람들이 한 것이 아

개에 시신이 있었다고 했는데, 이는 목동 성당의 우물까지 포함시킨 것일
수 있다(안봉석,「청취서」(1951.5.7), KWC 28B).
205) 송효순(1979) 252, 254; 우종창(2000) 271; 반공애국지사유족회(2003) 141,
145~146, 174; Kim Ik Soo, "Statement"(1952.6.18), KWC 28B.
206) 송효순(1979) 295.
207) 우종창(2000) 264. 우종창은 우물과 사람 크기를 계산하여, 큰 우물에
120~160명, 작은 우물에 60~80명이 들어갈 수 있다고 추정하였다(우종창
(2000) 271).
208) 우종창(2000) 270; 송효순(1979) 294~295.
209) Kim Ik Soo, "Statement"(1952.6.18), KWC 28B.
210) 우종창(2000) 270.

니다. 슐티스는 형무소 내 고랑과 우물에 있는 시신들 대부분이 등 또
는 머리에 총을 맞았다고 하였고,[211] 벤 프라이스는, 형무소 내 치과
의무실 직원으로부터 우물에서 죽은 사람들은 우물까지 끌려간 후 한
사람씩 세워진 채 총을 맞아 우물에 처넣어졌다고 들었다고 하였으
며,[212] 박종철은 대전형무소 근처 사는 사람들에게서 피해자들은 우
물에 넣어진 후 총살되었다고 들었다고 하였다.[213]

이준영은, 우물에서 시체를 다 꺼내는 데 3일이 걸렸으며, 연고자가
없는 시체는 형무소 후문에서 장작 위에 올려놓고 화장했는데 10일이
걸렸다고 했다.[214]

2) 목동 성당 및 프란치스코 수도원

정치보위부 건물인 프란치스코 수도원에 수감되어 있던 사람들은
목동 성당과 수도원 지하실 등에서 피살되었다.[215] 목동 성당은 프란
치스코 수도원의 오른편에 있었으며, 수도원 마당 뒤쪽에 우물이 있
었는데,[216] 시신은 이 우물에서 90구, 성당 지하실에서 10여구, 성당

---

211) Shultice, "Affidavit"(1951.5.26), KWC 28B.
212) 송효순(1979) 291.
213) 「박종철 진술조서」.
214) 우종창(2000) 271.
215) 앞에 언급했듯이 임영빈은 박씨란 사람이 용두동 콩밭에 있는 뾰족집 즉
    성당이 있는 곳에서 총살당했으나 살아 돌아왔다고 진술했다(「임영빈 진술
    조서」; 임영빈 면담(2008.8.19); 벤 프라이스 기자는, 시신이 있는 호가 콩밭
    에 있었고, 그 곁에 풀과 꽃이 있는 일본식 정원이 있었다고 했는데, 목동
    성당박해와순교사연구위원회(2007)에 의하면, 성당에 화단이 있었다고 했
    으므로 이는 앞의 임영빈의 진술을 뒷받침한다(송효순(1979) 291; 목동 성
    당박해와순교사연구위원회(2007) 83). 이곳 이외에 수도원 수감자들은 부근
    에 있는 용두산에 끌려가 희생되었다.

앞마당에서 6구가 발견되었다. 따라서 성당과 수도원에서 약 110명
정도가 피살되었다. 각 장소의 희생 규모에 대한 목격자 진술은 아래
와 같다.

첫째, 시신이 발견된 수도원 우물은 깊이가 80자(27미터) 또는 60피
트(20미터)라고 하며,[217] 이곳에서 90여 명이 희생되었다고 이서용과
호순철이 진술하였다.[218] 최정락도 성당 마당 뒤쪽 샘에서 수십 명이
희생되었다고 하였다. 최복련은, 사람들이 우물에 빠뜨려진 후 총에
맞아 희생되었다고 들었다고 하였다.[219]

둘째, 이서용과 호순철은 성당 지하실에 10여 구의 시신이 있었다
고 진술하였으며,[220] G-2 보고서도 많은 시신이 교회 지하실에 있었
다고 하였다.[221] 또한 이곳에서는 다른 곳과 달리 여자 시신도 있었
다고 한다.[222] 벤 프라이스도 형무소 시신들을 언급하면서 중년 여성
시신이 하나 있었다고 했는데[223] 형무소와 멀리 떨어져 있지 않은 목
동 성당에 있었던 여성의 시신을 언급한 것일 가능성이 크다. 왜냐하
면 그 외에 다른 희생 장소에서 여자 시신을 보았다는 목격자가 없었
으며 특히 이범일은 형무소 후문 쪽 시신 중에 여자가 없었다는 점을
강조했기 때문이다.[224] 또한『피화애국지사명록』에도 여성은 한명 포

216) 최정락 진술. 목동 성당박해와순교사연구위원회(2007) 83.
217) 목동 성당박해와순교사연구위원회(2007) 78~79, 83.
218) 호순철, 「청취서」(1953.4.6) KWC 28C; 이서용, 「청취서」(1953.4.4) KWC 28C.
219) 목동 성당박해와순교사연구위원회(2007) 78~79, 83.
220) 호순철, 「청취서」(1953.4.6) KWC 28C; 이서용, 「청취서」(1953.4.4) KWC 28C.
     지하실에는 방공호를 파놓았다(목동 성당박해와순교사연구위원회(2007)
     41~42).
221) G-2 Message(1950.10.1), KWC 28C.
222) Shultice, "Affidavit"(1951.5.26), KWC 28B.
223) 송효순(1979) 290.

함되어 있었다. 그 여성은 이름이 김양자, 나이 42세, 논산군 논산읍 화지동 거주, 상업 종사, 한청 소속으로 기록되어 있다. 즉 그 여성은 한청 등 우익활동이 이유가 되어서 희생되었을 가능성이 있다.

셋째, 호순철의 진술 및 G-2 보고서에 의하면 성당 마당에도 6구의 시신이 있었다.[225] 최정락도 성당 앞마당과 화단에 시신이 즐비하였다고 했다.[226]

따라서 위와 같이 성당 지하실과 마당, 수도원 우물에서 약 110명 정도가 희생되었다.

3) 대전경찰서

대전경찰서 희생자들의 시신은 경찰서 마당의 동쪽과 남쪽의 담장을 따라 쭉 파여진, 즉 기역자 모양의 호에서 발견되었다. 이곳에서, 시신들은 손이 뒤로 묶이고 서로 등과 가슴을 맞대고 있거나 가슴과 가슴이 맞닿은 채 무릎을 구부리고 앉아 있는 자세를 취하고 있었다.[227] 한국인 시신들은 모두 남쪽 담장 아래의 호에서 발견되었다. 미군 보고서에 의하면 106피트 길이의 동쪽 호에서 미군 시신 대다수가 발견되었고, 남쪽 호에서 미군 시신 몇 구와 한국인 시신 15구가 발견되었다.[228] 당시 총살에 참여한 송홍범 역시, 자신은 왼쪽 방향에

---

224) 이범일, 「진술서」(1951.5.28), KWC 28A.

225) 호순철, 「청취서」(1953.4.6) KWC 28C; G-2 Message, KWC 28C.

226) 목동 성당박해와순교사연구위원회(2007) 83.

227) "Case History to accompany Reports of Interment covering Unknown Americans X-51 thru X-90, United Nations Military Cemetery, Taejon, Korea," KWC 28A; 이범일, 「진술서」(1951.5.28), KWC 28A; 송홍범, 「공술서」(1951.9.6), KWC 28A; 사진 192, KWC 28A.

228) "Case History to accompany Reports of Interment covering Unknown Americans

있던 미군에게만 사격하였다고 했으므로229) 오른쪽 즉 남쪽 호에 한
국인들이 총살되었다는 것이 다시 확인된다. 사무실에서 칠판이 발견
되었는데 국군 13명이라고 쓰여 있어서, 수감자 수보다 2명이 더 희생
되었다는 것을 알 수 있다. 또한 2명이 희생현장에서 살아났으므로
본래 총 17명이 총살될 예정이었다고 할 수 있다.

시신들의 형태를 보아 희생자들은 호에 들어간 후 총살되었고 이후
죽지 않은 사람은 머리를 도끼로 맞아 죽었다. 시신 몇 구의 머리가
찌그러졌거나 부서져 있었고, 사용된 도끼가 호 안에서 발견되었
다.230)

4) 용두산 일대

대전형무소 및 프란치스코 수도원에 수감되어 있던 사람들은 형
무소 및 수도원뿐 아니라 근처에 있던 용두산에 끌려가 희생되었다.
용두산은 용두봉으로 불렸으며, 중촌동의 남쪽, 목동의 남서쪽에 위
치했다.231) 이 산은 대전형무소의 남쪽에 있었으며, 목동 성당이 이
산속에 있었다.232) 현재 이곳에는 목양마을과 을지대학이 들어서 있

X-51 thru X-90, United Nations Military Cemetery, Taejon, Korea," KWC 28A;
Shultice, "Affidavit"(1951.5.26), KWC 28B.

229) 송홍범, 「공술서」(1951.9.6), KWC 28A.

230) Shultice, "Affidavit"(1951.5.26), KWC 28B; "Case History to accompany Reports
of Interment covering Unknown Americans X-51 thru X-90, United Nations
Military Cemetery, Taejon, Korea," KWC 28A; 이범일, 「진술서」(1951.5.28),
KWC 28A.

231) http://museum.metro.daejeon.kr/new(대전시청 홈페이지, 향토사료관).

232) 성당 일대는 지금은 상업지로 탈바꿈했지만 전쟁 당시에는 용두산이었다
(우종창(2000) 277). 최익원도 정치보위부 사무실이 있는 산속으로 올라가
던 중 용두산 일대를 미군기가 폭격하여 오두막집에 들어가 숨었다고 하였

다.[233] 이곳은 용두산이라 불리긴 했으나 잔솔밭과 언덕길이 있는 낮은 야산이었다고 한다.[234] 생환자, 가해자, 목격자의 진술을 분석·종합하면 용두산에서 240여 명, 산 아래에서 360명이 희생되어[235] 총 600여 명이 용두산 일대에서 희생되었다. 그 근거는 다음과 같다.

우선 용두산의 희생규모에 대해서는 생환자 안봉석의 진술을 참고할 필요가 있다. 안봉석은 1950년과 51년 두 번에 걸쳐 희생사실을 진술하였다. 첫 번째 진술에서는, 1950년 9월 25일 새벽 2시 자신과 함께 끌려간 마지막 그룹이 180명이었는데, 이 그룹은 형무소 바로 뒤쪽 언덕으로 이동했다고 했다. 형무소 뒷산은 성당 뒤쪽으로 이곳이 용두산 또는 목동 언덕이다.[236] 미군의 분석에 의하면 그 장소의 좌표는 CR 570214인데 이 지점이 바로 용두산이 있는 곳이다.[237] 두 번째 진술에서는 26일 새벽 2시 자신을 포함한 400명을 이끌고 형무소 뒷산 용두동 소재 동산을 넘어갔다고 했다.[238] 이 진술은 시기와 희생자 수에 있어서는 앞 진술과 차이가 나나, 장소는 유사한 지점을 지적하고 있다. 그곳에 가보니 호가 있었다고 했는데 첫 번째 진술에서는

다(우종창(2000) 275).

233) 대전시 중구청 세무과 이기종 전화면담(2008.7.21).

234) 반공애국지사유족회(2003) 262. 따라서 이곳은 '언덕' 또는 '목동 언덕'으로도 불린다.

235) 형무관 이서용은 중촌동 송필화의 종산(용두산)에서 240명 그 부근 일대에서 수백 명의 시신을 보았다고 진술하였다(이서용, 「청취서」(1953.4.4) KWC 28C).

236) 반공애국지사유족회(2003) 213~214. 목동 성당박해와순교사연구위원회(2007) 82.

237) KWC 28C.

238) 안봉석, 「청취서」(1951.5.7), KWC 28B.

3피트(92cm) 깊이, 4피트(122cm) 넓이의 세 개의 호가 파여져 있었다고 했고,[239] 두 번째 진술에서는, 폭 1미터, 길이 60미터 구덩이가 네 줄이 파여 있었다고 했다.[240] 희생 규모는, 첫 진술의 180명은 넘지만(180명이 마지막 그룹이라고 했으므로 그 전에 이미 많은 수가 끌려갔다는 얘기이다.) 두 번째 진술한 400명보다는 적다고 보아야 한다. 왜냐하면 그는 두 번째 진술에서 첫 번째 진술에 비해 모든 것에서 대폭적으로 과장하고 있기 때문이다.

보다 정확한 이 장소의 희생규모는, 1950년 10월 4일에 이 장소의 시신들을 목격한 이서용의 진술에서 나타난다. 그는 성당에서 200야드(183m) 떨어진 중촌동 송필화의 종산에서 240여 구의 시신을 보았다고 했는데 목동사무소에 확인한 결과 성당 근처 송씨 집안의 토지는 현재 목동 목양마을 근처에 있다고 한다. 이 지역은 성당 뒤쪽 을지대학 주변이며 용두산이라고 불렸다고 한다.[241] 따라서 이서용이 진술한 장소는 안봉석이 말한 장소와 동일하며, 그에 의하면 240명이 희생되었는데 이 수는 안봉석이 진술한 180명과 400명 사이이다. 따라서 240명은 안봉석의 진술과도 모순되지 않으며 좀 더 정확한 희생 규모라고 할 수 있다.

용두산 아래쪽에서도 희생사건이 있었는데 이 사건의 희생규모에 대해서는 가해자 문병호의 진술을 참고할 수 있다. 그는 9월 25일 오후 6시경 대전형무소 남서쪽 1km 떨어진 부락 옆 언덕 밑에 형무소에서 데리고 온 40명을 앉히고 총살했고, 두 시간 후 다시 데리고 온 40명을 앉혀놓고 총살하는 등 남한경찰 및 행정요원 총 360명을 총살하

---

239) "Summary of Information"(1950.10.1, Subject: Am, Bong Suk), KWC 28B.
240) 안봉석, 「청취서」(1951.5.7), KWC 28B.
241) 대전시 중구청 세무과 이기종 전화면담(2008.7.21).

였다고 했다.[242] 문병호는 자신이 총살한 장소를 지도로 그렸는데, 그 지도를 보면 총살 지점은 안봉석 희생장소인 CR 570214 보다 약간 남쪽인[243] CR 570213이다.[244] 문병호는 총살장소를 '언덕 밑'라고 했으므로 안봉석 일행이 희생당한 용두산의 아래쪽임을 알 수 있다. 또한 문병호는 총살지점을 형무소 남서쪽 1km 부근이라고 했는데, 형무소 남쪽에 위치한 목동 성당은 대전형무소와 약 1km 거리이므로[245] 목동 성당 부근의 산 근처임을 알 수 있다. 목격자 이서용도 중촌동 송필화의 종산 부근 일대에서 수백 명의 시신을 발견하였다고 진술함으로써 문병호의 진술을 뒷받침하고 있다.[246]

따라서 용두산 일대의 희생규모는 용두산 240여 명, 산 아래 360명, 합해서 총 600여 명이 된다. 이 숫자는 대체로 용두산 전체의 시신을 목격한 사람들의 진술과도 일치한다. 목격자 이택우, 호순철이 수도원 전방 200야드 지점의 6개의 호에서 600여 구의 결박당하고 총상을 입은 시신을 보았다고 했다.[247] 형무관 이서용은 성당과 성당 주변의 전체 시신 수가 700여 구가량 된다고 했는데,[248] 성당 및 수도원에서

---

242) 문병호, 「공술서」(1951.11.1), KWC 28B.

243) "Legal Analysis of Korean War Crimes Case Number 28B"(1953.9.23), KWC 28C.

244) "Legal Analysis of Korean War Crimes Case Number 28B"(1953.9.23), KWC 28C. 좌표 6자리 중 앞의 세 자리 570은 경도를, 뒤의 세 자리 213은 위도를 나타낸다. 따라서 좌표 570214와 570213은, 경도는 같으나 위도에 있어서 후자가 전자보다 약간 더 남쪽이다.

245) http://www.franch.co.kr(목동 성당 홈페이지).

246) 이서용, 「청취서」(1953.4.4), KWC 28C.

247) KWC 28C 문서 중 이택우, 「청취서」(1953.4.6), 호순철, 「청취서」(1953.4.6). G-2 보고서는 교회로부터 200야드 안에서 약 30피트 길이, 1.5 피트 깊이의 호가 6개 있었다고 하였다(G-2 Message, KWC 28C).

248) 이서용, 「청취서」(1953.4.4), KWC 28C.

약 110명이 희생되었으므로 나머지 약 600명 정도가 성당 주변인 용
두산에서 희생되었다는 것이 다시 확인된다. 그 밖에 비슷한 규모를
언급한 목격자는 최복련으로, 성당 뒤편 언덕에서 지금의 을지병원
자리까지 시신들이 꽉 차 있었는데 700여 구의 시신을 보았다고 했
다.[249] 또한 9월 28일 성당 근처 언덕을 갔었던 펫코프(Petkoff)는 4줄
의 호가 두 개 있었는데, 이 두 개의 호는 서로 200야드(183m) 정도
떨어져 있었고, 이 근처 직경 500야드(450m) 안에 얕은 무덤들이 많이
있었다고 했으며 약 800구의 시신을 본 것으로 추정한다고 하였
다.[250] 시신들이 있는 용두산의 호에 대해 여러 가지로 엇갈리는 진
술은 이 일대에 가해진 미군기의 포격 때문에 호 및 시신들이 흩어졌
기 때문일 수 있다. 최익원은 희생 당일도 미군기 3대가 날아와 용두
산 일대를 폭격했다고 했다.[251]

이곳의 시신들은 전부 몸에 총상이 있고 머리가 부서져 있었다고
한다.[252] 안병홍의 고모부에 의하면 피해자들은 총살당한 후 칼로 찔
려 확인살해 되었으며, 해가 저물고 난 후 노무자들이 와서 흙으로 시
신을 덮었다고 한다.[253]

10월 초 용두산의 시신 수습작업을 지휘한 이준영은 "용두산 일대
의 구덩이에 버려져 있던 시체들도 형무소 죄수들을 동원해 수습했

---

249) 우종창(2000) 277; 목동 성당박해와순교사연구위원회(2007) 145.

250) Petkoff, "Affidavit"(1952.6.12), KWC 28C. 이곳에서 1,200명이 희생되었다는
　　　진술도 있다. http://www.franch.co.kr(『목동 성당 80년사』, 목동 성당 홈페
　　　이지); 반공애국지사유족회(2003) 154~155.

251) 우종창(2000) 275.

252) Petkoff, "Affidavit"(1952.6.12), KWC 28C. 안봉석, 문병호도 '총살'이었다고 진
　　　술하였다.

253) 「안병홍 진술조서」.

다"고 말했다.[254] 이후 1952년 봄 대전교도소 주관으로 이곳에 가매장 되어 있던 시신들을 수습,[255] 10일간 화장 작업하여 용두산에 사방 5 미터 콘크리트 탱크를 만든 후 안치하였고 이곳을 지사총(志士塚)이 라 이름 지었다.[256]

5) 기타 장소

대전형무소, 목동 성당 및 프란치스코 수도원, 대전경찰서, 용두산 은 많은 목격자와 생환자, 심지어 가해자의 진술까지 있는 희생 장소 인 반면, 목격자가 적고 피살자도 많지 않은 희생 장소가 있다. 그 중 자료를 통해 드러난 곳은 아래와 같다.

첫째, 도마리 뒷산에서 18명 이상 수십 명이 희생되었다. 도마리는 현재 대전시 도마동 및 복수동으로, 생환자 윤옥동에 의하면 대전에 서 서쪽 6km 떨어진 도마리 뒷산에 형무소 수감자들이 끌려가 희생 되었다. 그에 의하면, 9월 25일 오전 10시경 정치보위부 2명이 자신을 포함한 6명을 결박하여 논산행 도로를 따라 서쪽으로 15리(6km) 가량 되는 도마리라는 동네 뒷산 산골짝으로 끌고 갔다. 도착 후 수감자들 은 각 골짜기로 나뉘어 끌려갔는데, 자신도 18명과 함께 한 골짜기로 끌려가 그곳에 앉혀졌다. 그리고 뒤에서 인민군이 사격을 했으나 자 신은 다행히 총을 맞지 않아 계곡을 굴러 내려가 죽은 척 했다. 인민 군은 1시 반부터 2시까지 시체 수를 엄밀히 조사하고 돌아갔다고 한 다.[257]

---

254) 반공애국지사유족회(2003) 156.

255) 목동 성당박해와순교사연구위원회(2007) 82.

256) 목동 성당박해와순교사연구위원회(2007) 83; 반공애국지사유족회(2003) 262.

그는, 이날 처형당하러 1차로 끌려 나간 형무소 수감자가 약 1,500명이고 모두 4,500명이 희생되었다고 하나, 이는 전술한 바와 같이 그가 직접 목격한 사실이 아니다. 그가 직접 목격한 희생자 수는, 그의 진술이 사실이라고 하는 전제 하에, 도마리에서 희생된 18명 이상이다. 자신이 포함된 18명이 한 골짜기로 갔고 다른 죄수들도 각 골짜기로 갔다고 했으므로 수십 명이 된다고 보아야 할 것이다. 이 희생 장소에 대해서는 최병열의 진술에서도 나타난다. 최병열은 시아버지인 형무관 송권영이 1950년 8월에 도마리 야산(현재 대전서부경찰서와 남부소방서 자리)에 끌려가 총살되었다고 진술하였다.258)

둘째, 탄방리 남산에서 24명 이상 수십 명이 희생되었다. 탄방리는 현재 대전시 탄방동으로, 당시에는 탄방리라 불렸으며 대덕군 유천면에 속했다. 생환자 손병길에 의하면, 9월 25일 낮 12시 반경 정치보위부 1명과 인민군 2명이 수감자 6명의 손을 뒤로 묶은 후 총살 장소로 끌고 갔는데 자신의 그룹 앞에 12명이 끌려갔고, 뒤에 한 그룹이 따라오는 것을 보았다고 했다. 그리고 서울행 도로를 따라 북서 방면으로 2km 지점 대전비행장 근처 대덕군 유천면 탄방리에 있는 남산 산록으로 끌려갔다. 거기서 12명이 한 묶음으로 총살되었는데, 그때 시간은 오후 1시였으며, 총살하고 5분 후 인민군은 돌아갔다고 한다.259)

손병길도 윤옥동처럼 이날만 1,500명이 끌려갔고 이런 학살이 27일까지 3일간 지속되었다고 했으나260) 그 역시 이를 직접 목격한 것이

---

257) 윤옥동, 「공술서」(1952.6.27), KWC 28B.
258) 「최병열 진술조서」.
259) 손병길, 「공술서」(1952.6.28), KWC 28B.
260) 손병길, 「공술서」(1952.6.28), KWC 28B.

아니며 그가 목격한 희생자는, 자신의 앞의 12명, 자신이 속한 6명, 뒤의 6명으로 총 24명이다. 그러나 목격하지 못한 희생자가 더 있을 수 있으므로 이 지역의 희생자도 수십 명이 될 수 있다.

셋째, 석봉리 망골에서 3명이 희생되었다. 석봉리는 현재 대전시 대덕구 석봉동으로 당시에는 대덕군에 속했다. 미 전범단은 105치안연대 4대대 2중대 오덕창이 이곳에서 3명의 국군을 죽였다고 진술하여 한국경찰에게 이곳에 있었던 희생사실에 대해 조사를 요청했는데, 조사 결과 3명의 지방우익청년이 1950년 8월 석봉리의 망골이라는 언덕에서 인민군들에 의해 피살되었다는 것이 밝혀졌다. 내비 제127호 1951년 12년 19일 내무부장관 보고에 의하면 소방대원 최동식과 최장복, 한청단원 라금동은 1950년 8월 8일 좌익에게 체포되어 신탄진 지서에 감금된 후, 1950년 8월 10일 오후 5~6시경 북한군이 이들에게 탄약을 지게 하여 전라도로 데리고 간다고 하면서 대덕군 북면 석봉리 동쪽 산에서 이들을 학살하였다는 것이다.[261]

넷째, 홍도동에서 2명이 희생되었다. 홍도동사무소 서기 박희성 및 마을 주민 한경화에 의하면, 1950년 8월 초 홍도동 전 동장 박내선이 홍도동 마을 앞 언덕에서 인민군에 의해 피살되었고, 이틀 후 마을 주민 박해홍이 홍도동 자신의 집에서 인민군에 의해 피살되었다.[262]

다섯째, 낭월리에서 1명이 피살되었다. 낭월리는 현재 동구 낭월동으로, 당시에는 대덕군에 속해 있었다. 이 지역에서 경찰관 권경탁이 덕실 정치보위부에 잡혀 심사를 받은 후 인민군 571연대 11중대 1소대원 김윤경에 의해 1950년 8월 10일경 피살되었다.[263]

---

261) KWC 495.
262) KWC 1312.
263) KWC 1355.

 이제까지 제시한 수감장소, 희생장소 및 희생일자, 희생규모, 관련
자 등은 다음과 같이 정리될 수 있다.

수감장소	희생일	희생장소	희생규모	관련 문서	생환자	목격자	가해자
대전형무소 (인민교화소)	1950.9. 25~26	대전형무소 후문 밭고랑	300명	KWC 28A, 28B, 『월간조선』, 『붉은 대학살』, 「이갑산 진술조서」, 「임남철 진술조서」	이갑산	슐티스, 이범일, 이준영, 김익수, 프라이스, 임남철	정치보위부, 내무서, 인민군
		대전형무소 우물	171명	KWC 28A, 28B, 『월간조선』, 『붉은 대학살』		슐티스, 이준영, 김익수, 프라이스, 안귀종	
	1950. 9.25	도마리 뒷산	수십명	KWC 28B	윤옥동		
		탄방리 남산	수십명	KWC 28B	손병길		
프란치스코 수도원 (충남 정치보위부)	1950.9. 25~26	프란치스코 수도원 우물	90명	KWC 28C, 『월간조선』, 『목동 성당』	최익원, 탁재호, 이권석	이서용, 호순철, 최정락	
		목동 성당 지하실	10여명	KWC 28C, 『월간조선』, 『목동 성당』		이서용, 호순철, 최복련	
		목동 성당 마당	6명	KWC 28C, 『월간조선』, 『목동 성당』, 『붉은 대학살』		프라이스, 호순철, 최정락	
대전경찰서 (대전내무서)	1950. 9.27	대전경찰서 마당	15명 (미군 40명)	KWC 28A	웨이넬, 강학규, 이종균	슐티스, 이범일, 박동규	내무서 및 인민군 3사단 9연대 5대대 2중대

대전형무소 및 프란치스코 수도원	1950. 9.25	용두산	600여명	KWC 28B, 28C, 『월간조선』, 『목동 성당』	안봉석	이서용, 최복련, 펫코프, 이준영, 이택우, 호순철	정치보위부, 내무서, 인민군 591경위대대 3중대 1소대
신탄진 지서 (치안대 본부)	1950. 8.10	석봉리 망골	3명	KWC 495		김금석, 박노찬	인민군 105연대 4대대 2중대
	1950. 8월 초	홍도동 언덕 및 자택	2명	KWC 1312		박희성, 한경화	인민군
낭월리 지서	1950. 8.10	낭월리 지서 뒷산	1명	KWC 1355		홍용운, 송재숙, 이근봉	인민군 571연대 11중대 1소대 4분대

5. 가해 주체

　대전 학살사건의 가해주체는 정치보위부, 내무서, 인민군이다. 대전은 큰 주요 도시였고 교통의 요충지였기 때문에 충청남도 정치부위부가 자리 잡았고 인민군 부대가 항시 주둔하였다. 따라서 학살 집행에 있어서 다른 지역과 달리 인민군이 참여한 경우가 많았다. 그러나 학살의 명령은 정치보위부에서 내렸다.

　각 가해 주체의 역할을 보면 다음와 같다.

1) 충청남도 정치보위부

진술 및 기록에 의하면 정치보위부 간부들은 수감자들을 심사하고 처형 명령을 내렸으며 부원들은 직접 처형에 참여하기도 했다. 충청남도 정치보위부 조직은 노획문서 그룹인 RG 242 문서에 포함된 1950년도 충청남도 정치보위부 출근부를 통해 알 수 있다.[264] 출근부 표지는 선명한 핏빛으로 물들어 있어 당시의 끔찍한 상황을 말해준다.

이 문서에 의하면 당시 정치보위부장은 표관섭이며 부원들은 부장을 포함하여 모두 26명[265]으로, 조직 구성은 아래의 표와 같다.

부서	직위	이름	근무 기간
보위과 (9명)	과장	김군세	8.1~9.22
	과원	박동수	7.22~9.23
	과원	리영제	7.22~9.16
	과원	조민균	7.21~9.25
	과원	최구진	7.22~9.24
	과원	김판순	7.22~9.23
	과원	김기열	7.22~9.25
	과원	박태화	7.22~9.20
	과원	양재빈	7.22~9.13
예심과 (5명)	과장	리봉길	7.22~9.23
	과원	차두혁	7.22~9.23
	과원	심택인	7.22~9.23
	과원	최사민	7.22~9.6
	과원	양락숙	7.22~9.9

---

264) 충남도정치보위부, "1950년도 출근부," RG 242 Captured Korean Documents Doc No. SA 2010.

265) 안봉석은 정치보위부원이 약 20명 정도이고, 그 중 북한인이 4할, 남한인이 6할이었다고 했다(안봉석, "청취서"(1951.5.7), KWC 28B).

산업보위과	과장	최윤희	7.21~9.24
(2명)	과원	김연해	7.21~9.23
교양과	과장	전기풍	7.21~9.25
간부과	과장	황성택	7.22~9.25
경리과	과장	박태옥	8.16~9.22
기요과 (6명)	과장	김수찬	8.20~9.22
	기요원	김병규	
	기요원	한한초	8.18~9.23
	기요원	김달경	8.18~9.25
	기요원	황도선	8.18~9.25
	기요원	최양화	

위의 표를 보면 대체로 충청남도 정치보위부는 7월 21~22일부터 9
월 25일까지 존속했으며, 7개 과(보위과, 예심과, 산업보위과, 교양과,
간부과, 경리과, 기요과)로 구성되어 있음을 알 수 있다. 정치보위부
에 감금되었던 최익원에 의하면, 정치보위부장이 최고 책임자였
다.[266] 안봉석은 50년 9월 진술에서, 정치보위부에는 별 4개 단 장교
가 둘이 있었고 그 중 하나가 양씨였다고 했는데,[267] 위 표에 의하면
양씨는 보위과원 양재민과 예심과원 양락숙 등이며 이들은 별 4개 단
장교(대좌)가 아니다. 안봉석은 51년 진술에서는 정치보위부 부장이
별이 5개, 부부장이 4개였다고 했으나,[268] 위 표에 의하면 부부장은
없다. 최익원에 의하면 정치보위부장 밑에 폭동과 간첩을 취급하는
보위과장과 사상범을 담당하는 예심과장이 있었는데, 그는 예심과장

---

266) 우종창(2000) 274.

267) "Summary of Information"(1950.10.1, Subject: Am, Bong Suk), KWC 28B. 별이
4개이면 대장 또는 대좌일 수 있다.

268) 안봉석, 「청취서」(1951.5.7), KWC 28B.

에게 취조를 받았다고 했다. 예심과장은 가슴에 권총을 차고 어깨에
는 대좌 계급장을 달고 있었다고 했는데,[269] 대좌계급장은 별 4개로
안봉석이 보았다는 장교 중 한 사람일 수 있다.

이들이 가해자라고 하는 것은 생환자들의 진술에서 드러난다. 윤옥
동은 대전형무소에서 정치보위부 인민군 대령이 인민군에게 2시까지
집행하라고 명령내리는 것을 보았다고 했다.[270] 대령은 대좌와 같은
계급이고, 최익원의 진술대로 예심과장이 대좌라면, 명령 내린 인민
군 대령은 정치보위부 과장급이다.

정치보위부원들은 인민군과 함께 직접 처형에 참여하기도 했다. 윤
옥동에 의하면 정치보위부원들이 수감자들을 끌고 나가 인민군과 함
께 총살을 집행했다.[271] 손병길은 정치보위부원들과 인민군이 수감자
를 끌고 나갔고 인민군이 총살했다고 하였다.[272] 최익원도 수도원 수
감자들을 정치보위부원들이 죽였다고 들었다고 하였다.[273]

2) 대전내무서

내무서원들은 대전형무소 및 대전경찰서 수감자 총살에 참여했다.
내무서 책임자는 슐티스에 의하면 'Hoh Yong Hak, Shin Chang Kun,
Pak Chong Mau'이다.[274] 당시 내무서에 음식을 배달했던 박동규에 의

---

269) 우종창(2000) 274~275.

270) 윤옥동, 「공술서」(1952.6.27), KWC 28B. 송효순은 전방전선사령부에서 파견
　　 돼 온 정치장교인 상좌가 대전형무소 책임자에게 학살을 종용했다고 쓰고
　　 있다(송효순(1979) 245).

271) "Legal Analysis of Korean War Crimes Case Number KWC 28B"(1953.9.23),
　　 KWC 28C.

272) 손병길, 「공술서」(1952.6.28), KWC 28B.

273) 반공애국지사유족회(2003) 153.

하면, 내무서장은 인민군 주임으로 불렸고 박씨였다고 한다.[275] 또한 윤옥동은 자신이 내무서에 끌려가 있었을 당시 내무서원으로 이동섭, 이성기, 안희영, 도제철이 있었으며 그 중 도제철이 감방 총책임자였다고 했다.[276] 윤옥동은 내무서에서 문화동 인민위원장 박재국에게 취조를 받았다고 하였다.[277] 내무서 경리계 회계반장은 진덕생이었으며 그는 이후 10월 2일 대전시에서 북상 중에 체포되었다.[278] 내무서의 보초들은 북한 사람으로 민간인 복장을 하였으며 이들은 총살에 참여하지는 않았다고 한다.[279]

이들 내무서원들이 대전경찰서에 수감된 포로 총살에 참여했다는 것은, 이날 총살을 집행하러 갔었던 인민군 송홍범의 진술에서 나타난다. 그는 그곳에 내무서원이 25명이 있었고 이들과 함께 포로들을 총살했다고 하였다.[280] 생환자 웨이넬도 처형자가 인민군과 북한 내무서원이었다고 진술했으며, 목격자 박동규도 인민군 내무서원들이 총살하는 장면을 목격했다고 진술했다. 미군 보고서에 의하면 인민군이 미군을 총살하고 내무서원들이 남한인들을 총살했을 가능성이 있다.[281]

내무서원들은 대전형무소 총살에도 참여했다. 이갑산은 형무소 간

274) Shultice, "Report of Investigation"(1950.10.9), KWC 28A.
275) 박동규, 「공술서」(1952.6.24), KWC 28A.
276) 윤옥동, 「공술서」(1952.6.27), KWC 28B.
277) 그는 이후 대전형무소에서 복역했다. 윤옥동, 「공술서」(1952.6.27), KWC 28B.
278) 대검찰청수사국(1975a) 584.
279) Weinel, "Statement"(1950.10.1), KWC 28A.
280) 송홍범, 「공술서」(1951.9.6), KWC 28A.
281) "Legal Analysis of Korean War Crimes Case Number 28A"(1953.9.26), KWC 28A.

수들이 주로 내무서원들이었다고 했고, 문병호는 자신이 내무서 군관
(대위)과 함께 형무소 수감자들을 총살했다고 하였다.[282] 임영빈도
대전형무소를 내무서원들이 관리했다고 하였으며, 수감자들을 내무
서원들이 죽였다고 진술했다.[283]

3) 인민군

인민군은 대전 지역에 늘 주둔하고 있었으며, 특히 정치보위부 사
무실에 소대 병력(30명) 이상의 인민군이 배치되어 있었다. 대전형무
소에서도 각 사(舍)마다 두 명의 인민군이 배치되어 있었는데 감옥이
총 15사이므로 대전형무소에 인민군이 30명 정도 있었다고 할 수 있
다.[284] 인민군들은 정치보위부의 결정에 따라 행동했으며 총살을 집
행했다. 최익원은 정치보위부에서 심사를 받을 때 바른대로 말하지
않는다고 예심과장이 인민군 2명에게 자신을 때리도록 시켰다고 하
였다.[285]

인민군은 형무소 수감자들 총살을 집행했다. 인민군 보위성 직속
591경위대대 3중대 1소대 문병호는 대전형무소에 수감되어 있던 경찰
및 공무원 360명을 총살하는 데 참여했다고 진술했으며,[286] 안봉석도
50명의 북한군이 총살을 집행했다고 했다.[287] OB(Order of Battle)
Check에는 591경위대대의 존재가 나타나 있지 않으나 그 부대가 당시

282) 문병호, 「공술서」(1951.11.1), KWC 28B; 「이갑산 진술조서」.
283) 「임영빈 진술조서」(2007.4.20).
284) 우종창(2000) 276; 반공애국지사유족회(2003) 153; 「이갑산 진술조서」.
285) 우종창(2000) 275.
286) 문병호, 「공술서」(1951.11.1), KWC 28B.
287) "Summary of Information"(1950.10.1., Subject: Am, Bong Suk), KWC 28B.

그 장소에 있었다는 가능성을 배제할 수 없다고 하였다.288) 손병길도 2명의 인민군의 경비 하에 끌려갔으며 인민군 4명이 총살했다고 했다.289) 도마리로 끌려간 윤옥동도 인민군이 총살했다고 했다.290)

또한 인민군은 대전내무서 총살에 참여했다. 인민군 송홍범은 3사단 9연대 5대대 2중대가 대전내무서 수감자 총살에 참여했다고 진술했다.291) 그러나 이들은 미군 처형에만 참여했을 것이라고 미 전범단은 분석했으며, 292) 실제로 송홍범은 미군 총살에만 참여했다.

그 밖에 석봉리 우익청년 최동식, 최장복, 라금동이 내무성 직속 105연대 4대대 2중대에 의해 석봉리 동쪽 산에서 피살되었으며,293) 낭월리 경찰관 권경탁이 정치보위부에서 심사를 받은 후 571연대 11중대 1소대 4분대에 의해 낭월리에서 총살되었고,294) 홍도동의 전 동장 박내선과 마을 주민 박해홍이 마을 앞 언덕 및 자택에서 인민군에 의해 피살되었다고 한다.295)

288) "Legal Analysis of Korean War Crimes Case Number 28B"(1953.9.23), KWC 28C.
289) 손병길, 「공술서」(1952.6.28), KWC 28B.
290) 윤옥동, 「공술서」(1952.6.27), KWC 28B. 최병열은 도마리 희생현장에서 생존해 돌아온 사람으로부터 당시 인민군이 총살했다고 들었다고 하였다(「최병열 진술조서」).
291) 송홍범, 「공술서」(1951.9.6), KWC 28A.
292) "Legal Analysis of Korean War Crimes Case Number 28A"(1953.9.26), KWC 28A.
293) KWC 495.
294) KWC 1355.
295) KWC 1312.

뒷 이야기

이상으로 사회주의 이념과 학살과의 관계, 서천등기소 학살사건과 대전 집단학살사건을 살펴보았다. 이를 통해, 사회주의 본래 이념은 평화적이고 인본주의적인 것이나 이후 스탈린주의, 모택동주의가 제3세계 혁명세력의 이념과 기형적으로 결합하면서 대량학살을 가능하게 했고 특히 우리의 경우 절대적 복종의 대상으로서의 당 이념이 인간으로서는 하기 힘든 일을 하도록 만들었다고 결론지을 수 있을 것 같다. 개인이 판단하기에 분명 그른데도 불구하고 절대 복종해야 할 명령이란 이 세상에 없다. 절대 지켜야 할 당의 명령이란, 옛날에 누구나 벌벌 떨어야만 했던 '어명이오!'의 자식이다. 즉 전근대적인 것이다. 그래서 그람시도 정당을 '현대적 군주'라고 했나 보다. 그는 그것을 긍정적 의미로 썼지만 20세기의 경험은 그것이 매우 위험한 발상임을 보여준다. 그람시도 그것은 민의가 뒷받침되어야 한다는 전제를 깔고 있다. 한국전쟁 시기 좌익에 의한 학살은 우익에 의한 학살과는 다르게 일정 절차를 밟아 나름대로의 정당성을 갖추려고 노력했지만 어찌 되었든 민의를 저버린 것이고 결과적으로 민심도 잃어 이제 더 이상 우리 사회에서 좌익이 발붙일 수 없게 만들었다.

그러나 필자는 좌익이 사상에 물들어 죄의식 없이 그러했다거나 악마처럼 그것을 즐겼다고는 절대 볼 수 없다고 생각한다. 서천등기소 사건을 가까이서 들여다보면 학살을 자행하기에 앞서 주저하는 인간의 모습을 볼 수 있다. 한나 아렌트는 아이히만을 보고 유대인을 아무렇지도 않게 학살한 것이 어떤 특별한 소신이나 철학이 있어서가 아닌 너무도 평범했기 때문이라고 결론짓는다. 그러나 필자는 다른 한편으로, 극단적 악을 행하기 어려운 것이 사실은 평범한 사람의 심성이라고 생각한다. 아이히만은 평범해 보이지만 사실은 남의 고통에 공감할 줄 모르는 드문 사람, 즉 사이코패스이다. 그런 사람은 우리 주변에서도 가끔 볼 수 있다.

서천등기소 사건에 대한 미시적 접근을 통해 학살을 둘러싼 가해자와 피해자의 인간적 모습을 보려고 했다면, 대전 집단학살사건을 통해서는 미군과 정부 등의 반공주의로 인해 사실보다 훨씬 더 부풀려진 희생규모의 오류를 밝히고 실제 모습에 접근하기 위해 노력했다. 이미 보았듯이 미군문서를 보면 미군이 가해자였을 때와 피해자였을 때 진실규명에 대해 다른 기준을 사용한다는 것을 알 수 있었다. 즉 자신이 피해자인 한, 그것이 유리하지 않을 경우, 그들이 그렇게 중시하는, 사실에 접근한 기록을 애써 무시하고, 확인할 수 없는, 그들이 보통은 채택하지 않는, '주관적인 진술'에 의존하는 모습을 보였다.

대량학살 사건과 같은 엄청난 사실을 조사하고 연구한다는 것은 무척이나 어렵고 조심스러운 일이다. 이는 산 자, 죽은 자 모두에게 자칫 다시 큰 상처를 줄 수 있는 일이다. 진실화해위원회의 안병욱 2대 위원장님은 필자가 서천등기소 창고에 몇 사람이 들어갈 수 있는지 알아낼 수 있는 방법으로 전철 한 량의 최대인원을 조사하면 된다고 자랑스럽게 얘기하자 순간 얼굴을 굳히며 '이건 정말 슬프고 끔찍한 일'이라고 필자에게 다시금 상기시켜주었다. 필자는 당시 하도 그 문제에 골몰해 있어서 솔직히 고백컨대 잠시 그 사건의 끔찍함을 잊고 있었다. 당시 국장님도 필자의 이러한 고민을 알고 '국장실이 그 창고 크기와 유사하니 그 곳에 모두 다 한번 들어가 보자'라고까지 말할 정도였다. 그러나 필자는 고인과 그 가족의 고통에 대해 늘 잊지 않으려고 노력했으며 이러한 사건의 조사가 얼마나 엄중한 일인지 항상 느끼고 있었다고 말하고 싶다. 사건을 잘 해결하게 해달라고 사건 조사 전에 항상 해당 사건의 희생자의 명복을 비는 미사를 봉헌했다. 대전 집단학살사건 조사 전에는 특별히 대전 목동 성당에 미사를 봉헌했다. 그 결과 하늘이 도와서인지 큰 사고 없이 보고서를 완성할 수 있었다.

사고는 아니지만 특이한 에피소드 두 가지를 소개하고 싶다. 하나는 산 자, 하나는 죽은 자에 관한 것이다. 한번은, 신분을 밝히지 않는 한 남성이 필자를 찾아와 사건의 진행, 특히 가해자에 대해 질문했다. 필자는 이전에 공공기관에서 일할 때 가끔 국정원 사람이 와서 이것저것 물은 기억이 있어 그런 사람인 줄만 알았고 따라서 공개 가능한 얘기는 해주었다. 그렇게 몇 번 오더니 그 사람은 결국 자신이 그 사건 가해자 누구누구의 손자라고 얘기해주었다. 필자는 그렇게 솔직히 말해준 그 분이 고마웠고 또 다른 궁금한 점이 있어 이것저것 질문하기도 했다. 가해자의 딸인 그 분의 어머니는 가해자가 사형당한 대전 쪽을 바라보며 가끔 눈물짓는다고 했다. 사실상 당시에 가해자, 피해자가 따로 있는 것이 아니다. 사건의 가해자는 이전에 피해자의 가족이었고, 또 이후 다시 피해자가 되기도 한다. 실제로 수복 후 서천등기소 사건 가해자의 가족 일부는 피해자 가족에게 잡혀 등기소 사건 때와 똑같이 산 채로 불태워져 죽임을 당했다.

또 다른 에피소드는 죽은 자에 대한 것이다. 필자의 동료가 출장 가서 겪은 일인데 우리 일이 죽은 사람을 다루다 보니 가끔 귀신을 보기도 한다. 한번은 한 조사관이 숙소에서 자고 있다가 갑자기 이상한 기분이 들어 눈을 떠보니 한 여인과 어린 딸의 형상이 천정에 둥둥 떠서 자신을 보고 있었더라는 것이다. 듣기만 해도 벌벌 떨리는 무서운 얘기인데 그 동료는 그 일을 아무렇지도 않게 얘기했다. 그 동료는 그때 그것을 보고 있을 때도 무섭지 않고 담담했다고 한다. 아마도 억울하게 죽은 이가 도와달라고 온 것이기에 무섭지 않았나 보다. 다른 동료들도 학살지역에 출장 갈 경우 가끔 그런 유사한 경험을 한다. 필자는 우리 사건을 담당할 때는 그런 일이 없었으나 다른 일로 오키나와 집단희생지역을 갔다 온 날 밤 비슷한 경험을 한 적이 있다.

사실상 더 두려운 것은 죽은 이가 아니라 산 이들이다. 유족 중 한 사람은 주기적으로 위원회를 찾아와 갖은 욕설과 악담을 하며 우리들을 괴롭혔다. 너무 큰 상처를 받았는지 정신이 조금 이상해진 분이었다. 그 사람이 오는 날은 우리 모두 초죽음이 되는 날이다. 다들 자리를 비우기 바빴으나 그 와중에도 괜히 움직여서 그 사람의 시선에 잡힐까 두려워했다. 그러나 그런 분은 극소수이고 대부분은 좋은 분들이다. 필자는 희생자인 우익인사나 그 가족 중에는 서북청년단 같은 독한 사람이 많을 줄로 예상했었다. 그러나 실제로 만나본 분들은 '정말 저렇게 늙고 싶다'는 생각이 들 정도로 착하고 점잖고 맑고 현명한 분들이었다. 사실상 진짜 우익들은 전쟁이 나고 재빨리 피난했기에

별 피해가 없었고 평범하고 착한 분들은 잘못이 없기에 남아 있다가 개인 원한관계에 있던 이웃의 신고에 의해 억울하게 희생당했다. 유대인 학살 때도 마찬가지였다. 유대인 중 착한 사람들이 먼저 죽었다. 왜냐하면 살아남기 위해 자신과 남의 이름을 리스트에서 바꿔치기하는 등의 수단방법을 쓰지 않았기 때문이다.[1] 내 이름을 지우고 누군가의 이름을 쓴다면 그 사람이 나 대신 죽는 것이다. 그럴 수 있다는 것을 몰랐거나 그런 행동을 할 수 없는, 순진하고 착한 사람들이 먼저 죽었다. 우리 사건의 경우도, 보초가 살려주려는 사람의 이름을 부를 때 그 사람 대신 빨리 나가서 산 사람들이 있다. 물론 생사의 갈림길에서 우리는 어떤 행동을 할지 아무도 모른다. 필자도 이런 얘기를 이렇게 편하게 할 수 있는 것이 아니라고 생각한다.

　때로는 사소한 이유로 희생되기도 했다. 한 사람이 지나가다 농민들이 밥을 먹고 있는 것을 보고 '농군들이 먹기에 아까운 밥이다'란 말을 했는데 그것이 농민들 마음에 깊은 상처를 주었고 전쟁 후 그 사람은 누군가의 신고로 잡혀서 희생되었다. 신고한 사람도 학살이라고 하는 그렇게까지 큰 일이 벌어질지 결코 몰랐을 것이다. 그래서 학살 전 끌려가는 중 도망가도 못 본 척 놔두었을 것이다. 가해자나 피해자나 모두 큰 고통을 겪었다. 사실 전쟁 자체가 가장 큰 가해자이다.

　2013년 올해는 한국전쟁 정전 60주년이 되는 해이다. 전쟁이 끝나지 않았고 정지되어 있는 기간이 60년이나 된 것이다. 이런 아슬아슬한 가운데 김대중·노무현 정부 기간 동안은 잠시나마 평화가 찾아왔었다. 그러나 이명박 정부 이후 다시 냉전으로 돌아가 현재 박근혜 정

---

　1) 빅터 프랭클(2005).

부 하에서 남북관계가 초긴장상태를 겪고 있다. 오늘 뉴스에 드디어
북한 미사일이 상공을 향했다고 하는 일본 언론의 보도가 실렸다. 실
리를 따지는 사람들은 지난 정부가 퍼주기를 했지만 결국 소용이 없
었음을 보여주는 것이라고 하는데, 김대중·노무현 정부가 10년간 햇
볕·포용정책에 쓴 대북지원 금액은 최근 한 달 새 증시에서 사라진
금액의 7분의 1밖에 되지 않는다고 한다.[2] 평화가 훨씬 경제적이라는
것이다. 어디 금전적인 것뿐이랴. 이명박 정부 이후 고조된 남북 갈등
은 꽃 같은 많은 젊은이들의 목숨을 앗아갔다. 목숨보다 소중한 것이
어디 있겠는가.

　그렇다고 필자가 현재의 기형적인 북한체제를 옹호하고자 하는 것
은 결코 아니다. 결과적으로, 국민들이 못 참고 일어나 결국 오늘날의
민주주의를 가져오게 한, 부패하고 무능한 이승만과 공포정치를 편
박정희가 고마울 정도이다. 무능한 독재자보다 유능한 독재자가 더
위험하다. 무능한 독재자는 국민을 각성시키고 단련시킨다. '더 이상
참을 수 없다, 우리가 나서야 한다'며, 국민이 결국 지배하는 체제인
민주주의를 가져오게 한다. 유능한 독재자는 국민을 안심시키고 국민
을 의존적으로 만든다. 유능한 독재자 비스마르크 때문에 독일 국민
들이 그것에 길들여져 이후 히틀러가 나올 수 있게 되었다는 해석이
있다.

　북한 주민의 입장에서 볼 때, 김일성은 일제시기 무장독립운동을
하면서 원수 같은 일본사람들을 무찌르는 데 애썼으며 결국 해방정국
에 들어와 인민들의 지지를 받은 민족의 지도자로 여겨지기에 충분하
다. 소설 등 문학작품을 봐도 북한 주민들에게 김일성은 자신들을 일

---

2) 경향신문 2013.4.10.

제로부터 해방시켜 준 사람이다. 더구나 해방 후 친일청산을 말끔히
해서 마음속에 응어리진 한을 풀어주었다. 일제에 협력한 지주들도
모두 쫓아내 주었다. 당시 북한에 남은 사람들은 결국 일본인에게 억
압받고 지주에게 천대받았던 사람들로, 그들에게 김일성은 헐벗고 천
대받던 삶에서 사람답게 살게 해 준 은인인 것이다. 더구나 북한정권
초기 급속한 공업화 추진은 북한을 남한보다 더 잘사는 나라로 만들
었다. 김일성은 또한 특유의 인간적 매력으로 자신은 부모의 마음으
로 인민들을 대한다고 강조했으며 인민들도 김일성을 부모로 대하듯
했다. 북한주민들은 조선 이씨왕조, 일제 천황에 이어 바로 김일성을
맞이했으므로, 자유민주주의를 경험한 적이 없는 그들은, 김일성 부
자 세습을 김씨 왕조의 계승과 동일시할 수 있을 것이다. 심지어 자유
민주주의를 아는 우리도 배고픔을 면하게 해주었다고 박정희를 우상
화하고 그 딸인 박근혜를 공주처럼 여기는데, 김일성우상화와 그 자
손의 권력 세습은 별로 기이한 것도 아니다. 남 얘기할 때가 아닌 것
이다.

　따라서 정권도 문제지만 인민도 문제다. 원래 권력자는 스스로 권
력을 내놓지 않는 법이다. 가장 바람직하기로는 북한 주민이 각성되
어 민주화운동을 하여 북한체제를 변화시키는 것이다. 이를 위해 북
한민주화운동을 하는 남한의 시민단체들이 접경지역에서 삐라를 담
은 풍선을 날리기도 하는데 이것에 대해 필자는 찬성할 수 없다. 시간
이 걸리더라도 북한 주민들이 스스로 알아서 해야 하는 것이다. 우리
의 민주화운동사를 보자. 활동가들이나 조직이 자생적으로 생겨 민주
화운동을 이끌어갔을 때는 국민의 지지를 받았고 독재정권도 눈치를
봤지만, 만의 하나 북한의 사주를 받았다든가 북한사람과 접촉했다든

가 심지어 북한이 쓰는 용어와 비슷한 용어를 쓴다는 이유 하나만으로도 그들 운동의 정당성이 훼손되고 국민의 의심을 사며 정권은 마음껏 탄압을 했다. 따라서 외부에서 사주하는 것은 그들의 힘을 꺾는 것이다.

아무쪼록 우리 정부가 남북한 관계를 정상화하여 한반도를 정전체제가 아닌 평화체제로 바꾸고, 북한정권은 자신이 살기 위해서라도 개혁개방을 하며, 북한주민은 그러는 가운데 차차 각성하여 민주주의를 요구하게 되는 그날이 오기만을 바랄 뿐이다. 우리는 언젠가 올지도 모를 통일을 대비하여 북한이나 북한주민을 적대시하기보다 이해하려고 노력했으면 좋겠다. 이 책은 그러한 바람도 함께 담아 쓰인 것이다.

참고문헌

강만길, 『분단시대의 역사인식』, 창비, 1997.

공보처 통계국, 『6·25 사변 피살자 명부』, 1952.

_____, 『6·25 사변 피랍치자 명부』, 1952.

구인환, 「기벌포의 전설」, 『2000 올해의 문제소설』, 신원문화사, 2000.

국방부군사편찬연구소, 『6·25전쟁사 2』, 2005.

권영진, 「한국전쟁 당시 북한의 남한점령지역 정책에 대한 연구」, 고려대 정치학
　　　과 석사학위논문, 1989.

김기진, 『한국전쟁과 집단학살』, 푸른역사, 2005.

김남식, 『남로당연구』, 돌베개, 1984.

김동춘, 『전쟁과 사회』, 돌베개, 2000.

김득중, 『빨갱이의 탄생』, 선인, 2009.

김명옥, 「내 발로 걸어 나왔다」, 『서천신문』 2007.4.2, 2007.4.9.

김석학·임종명, 『전남의 주요사건 - 광복 30년』, 전남일보사, 1973.

김세원, 『비트』 상, 일과놀이, 1993.

김정환, 『한국전쟁과 현대의 순교자들』, 천주교 대전교구 2007년 사제연수자료
　　　집, 2007.

김태우, 「진실화해위원회의 미군 사건 조사보고서에 대한 비판적 검토」, 『역사
　　　연구』 21호, 2011.

김행선, 『해방정국 청년운동사』, 선인, 2004.

내무부, 『대한민국 통계연감』, 1953.

대검찰청수사국, 『좌익사건실록』 제10권, 1975a.

_____,『좌익사건실록』제11권, 1975b.

대전광역시사편찬위원회,『대전100년사』, 대전광역시, 2002.

대한경찰전사발간위원회,『대한경찰전사』제1집, 1951.

대한민국 국방부 전사편찬위원회,『한국전쟁사』1권 개정판, 1967.

V. I. 레닌 저, 오영진 역,『사회주의와 전쟁 외』, 두레, 1989.

목동 성당박해와순교사연구위원회,『목동 성당 박해와 성직자 순교약사』, 천주
　　　교 대전교구 목동 성당, 2007.

박광섭,「한국전쟁전후의 북한 형사법제」,『법학연구』4권 1호, 1993.

박명림,『한국 1950 전쟁과 평화』, 나남, 2002.

박찬승,『마을로 간 한국전쟁』, 돌베개, 2010.

반공애국지사유족회,『우리의 자유를 지킨 사람들』, 동광문화사, 2003.

블라지미르 니꼴라예비치 라주바예프 저, 국방부군사편찬연구소 역,『소련 군사
　　　고문단장 라주바예프의 6·25 전쟁보고서』제1권, 국방부군사편찬연구
　　　소, 2001.

빅터 프랭클 저, 이시형 역,『죽음의 수용소에서』, 청아출판사, 2005.

서보혁,『북한인권』, 한울아카데미, 2007.

서용선,『한국전쟁기 점령정책 연구』, 국방군사연구소, 1995.

소정자,『내가 반역자냐: 전향 여간첩의 수기』, 방아문화사, 1966.

송복,「현재를 바로 세울 능력이 없으니 자꾸 과거를 바로 세우려 한다」,『월간
　　　조선』(12월), 2000.

송찬섭 외,『한국사의 이해』, 한국방송통신대학교, 2011.

송효순,『붉은 대학살』, 갑자문화사, 1979.

스캇 펙,『거짓의 사람들』, 비전과리더십, 2008.

심재기,『6·25와 민간항쟁』, 한국전쟁민간인희생자기념사업회, 1993.

안용현,『한국전쟁비사 2』, 경인문화사, 1992.

안재성,『신불산』, 산지니, 2011.

에리히 프롬 저, 최혁순 역,『사회주의적 평화론』, 서음출판사, 1983.

에릭 홉스봄,『극단의 시대』상·하, 까치, 1997.

에릭 홉스봄 저, 이원기 역,『폭력의 시대』, 민음사, 2008.

우종창,「1950년 여름, 대전형무소를 휩쓴 광기」,『월간조선』(6월), 2000.

유승광,『향토사연구』, 서천문화원, 1998.

윤경섭,「한국전쟁기 북한의 점령지 재판과 정치범 처형」,『역사연구』21호,
　　　2011.

이기봉, 『빨치산의 진실』, 다나, 1992.

이나미, 「한국전쟁시기 좌익에 의한 대전집단희생사건: 기존 문헌에 대한 비판을 중심으로」, 『평화학연구』 9권 3호, 2008.

_____, 『한국의 보수와 수구: 이념의 역사』, 지성사, 2011.

_____, 「한국전쟁시기 좌익에 의한 대량학살 연구」, 『21세기 정치학회보』 22집 1호, 2012.

이세기, 『이세기의 중국 관계 20년』, 중앙북스, 2012.

이태, 『남부군』, 두레, 2003.

전남일보 광주전남현대사 기회위원회, 『광주전남 현대사』, 실천문학사, 1991.

정일권, 『6·25비록: 전쟁과 휴전』, 동아출판사, 1985.

정충제, 『실록 정순덕』, 대제학, 1989.

조석호, 『해부된 흑막』, 서울신문사, 1953.

중앙일보사, 『민족의 증언』 1권, 중앙일보사, 1985a.

_____, 『민족의 증언』 2권, 중앙일보사, 1985b.

_____, 『민족의 증언』 3권, 중앙일보사, 1985c.

진실화해를위한과거사정리위원회, 『2008년 상반기 조사보고서』 제1권, 2008a.

_____, 『2008년 하반기 조사보고서』 제1권, 2008b.

최규진, 「조선 사회주의자들의 운동 노선과 합법공간 진출(1929~1945년)」, 『대동문화연구』 56집, 2006.

최상용, 『미군정과 한국민족주의』, 나남출판, 1988.

최용호, 「한국전쟁시 북한군 제6사단의 서남부 측방기동 분석」, 『전사』 4호, 2002.

최호근, 『제노사이드』, 책세상, 2005.

충남 향토사단, 『향토의 빛난 얼』, 1982.

피터 비레크 저, 김태수 역, 『보수주의란 무엇인가』, 태창문화사, 1981.

한국교정사편찬위원회, 『한국교정사』, 법무부, 1987.

한국전쟁전후 민간인학살 진상규명범국민위원회, 『한국전쟁전후 민간인학살 인권피해 실태보고서』, 2006.

한나 아렌트 저, 김선욱 역, 『예루살렘의 아이히만』, 한길사, 2006.

황동하, 「소련 역사 속의 '스탈린 시대': 이를 바라보는 몇 가지 시각들」, 『서양사학연구』 7집, 2002.

Appleman, Roy E., *United States Army in the Korean War, South to the Naktong, North to the Yalu*, 1950. 6. 11.

Chinnery, Phillip D., *Korean Attrocity: Forgotten War Crimes 1950-1953*, England: Shrewsbury, 2000.

Gramsci, Antonio, Quintin Hoare and Geoffrey Nowell Smith(ed.), *Selections from the Prison Notebooks*, International Publishers, 1971.

"Historical Report," Entry 182, RG 153 Records of the Office of the Judge Advocate General, War Crimes Division.

KWC 28A, 28B, 28C, 32, 132, 153, 163, 1062, 1258, 1451, 1507, RG 153 Records of the Office of the Judge Advocate General, War Crimes Division.

최석도, 〈비망록〉, "KBS 스페셜: 인민군 병사의 수첩", 2011.7.3.

찾아보기

저자 이나미

서울 출생

이화여대 정치외교학과 졸업

고려대 대학원 졸업(정치학 석·박사)

통일연구원 연구원·고려대 아세아문제연구소 연구교수·

하와이대 한국학센터 객원연구원 역임, 진실화해를위한과거사정리위원회

전문계약직공무원을 지냄

강원대, 고려대, 연세대, 전북대, 한성대 등에서 강의

현재 한국방송통신대 책임연구원으로 재직, 한성대에서 강의 중

- 주요 저서

『식민지 유산, 국가 형성, 한국 민주주의』1(공저), 책세상, 2012.

『한국의 보수와 수구: 이념의 역사』, 지성사, 2011.

『WCC창으로 본 70년대 한국민주화인식』(공저), 지식산업사, 2010.

『제국주의 시기 식민지인의 정치참여 비교』(공저), 선인, 2007.

『한국자유민주주의의 전개와 성격』(공저), 민주화운동기념사업회, 2004.

『일본과 서구의 식민통치 비교』(공저), 선인, 2004.

『인간과 정치사상』(공저), 인간사랑, 2002.

『한국 자유주의의 기원』, 책세상, 2001.

『현대민주주의론』I, II(공역), 창작과 비평사, 1992.